中国脱贫攻坚

西藏自治区六村案例

全国扶贫宣传教育中心　组织编写

中国文联出版社

图书在版编目（CIP）数据

中国脱贫攻坚·西藏自治区六村案例 / 全国扶贫宣传教育中心组编 . -- 北京 : 中国文联出版社 , 2021.12
ISBN 978-7-5190-4782-5

Ⅰ . ①中… Ⅱ . ①全… Ⅲ . ①扶贫–工作经验–案例 –西藏 Ⅳ . ① F126

中国版本图书馆 CIP 数据核字（2021）第 279239 号

编　　者	全国扶贫宣传教育中心组
责任编辑	张超琪　黄雪彬
特约审读	李荣华
责任校对	唐美娟
装帧设计	乐　阅
出版发行	中国文联出版社有限公司
社　　址	北京市朝阳区农展馆南里 10 号　邮编 100125
电　　话	010-85923025（发行部）　010-85923091（总编室）
经　　销	全国新华书店等
印　　刷	廊坊佰利得印刷有限公司
开　　本	710 毫米 × 1000 毫米　　1/16
印　　张	11.25
字　　数	119 千字
版　　次	2021 年 12 月第 1 版第 1 次印刷
定　　价	58.00 元

前　言

西藏地处我国西南边陲，辖 7 个市（地）、74 个县（区），土地面积 122.8 万平方公里，2020 年常住人口 364.81 万人，平均海拔 4000 米以上，是我国唯一的省级集中连片特困地区，是脱贫攻坚之初全国贫困发生率最高、贫困程度最深、扶贫成本最高、脱贫难度最大的深度贫困地区，也是"三区三州"深度贫困面积最大的地区。2015 年年底，西藏有建档立卡贫困人口 59 万人，贫困发生率为 25.32%，高出全国 19.62 个百分点。

党的十八大以来，西藏自治区坚持把脱贫攻坚作为中心工作，从巍峨高耸的喜马拉雅山到一望无垠的藏北草原，从千沟万壑的藏东乡村到遥远壮阔的"天上阿里"，脱贫攻坚都被作为头等大事和第一民生工程，形成"专项扶贫、行业扶贫、金融扶贫、社会扶贫、援藏扶贫""五位一体"大扶贫格局。2019 年年底，西藏 74 个贫困县全部摘帽，62.8 万建档立卡贫困人口全部脱贫，历史性消除绝对贫困。雪域高原，换了人间！全区各族人民向着全面建成小康社会的宏伟目标奋勇前进。

解决西藏绝对贫困问题，需要前所未有的魄力与智慧。西藏在"三区三州"中率先实现整体脱贫，彰显了中国特色社会主义制度的巨大优势。中国特色社会主义制度是西藏取得脱贫攻坚战胜利的根本前提和保障。党中央调动全国的力量支援西藏、全国人民无私援助帮扶是西藏打赢脱贫攻坚战的坚实物质支撑。同时，打赢脱贫攻坚战也是西藏各族人民自身努力奋斗的结果。

本书选取的 6 个村庄的经验总结报告是西藏脱贫攻坚波澜壮阔历史进程的一个缩影，真实记录了村庄层面扶贫工作的具体内容和形态。从易地搬迁、对口帮扶，到产业扶贫、村级集体经济等，从基层的脱贫攻坚实践透视出西藏脱贫攻坚战是如何展开的，是如何群策群力、层层推进、精准到位地推进扶贫工作，解决了区域性整体贫困的历史难题。

红星社区位于西藏山南市贡嘎县吉雄镇，2015 年前，这里有建档立卡贫困户 22 户 74 人。脱贫攻坚开展以来，红星社区聚力党建统领产业、创建"十佳模范村"、开展技能培训扶贫，多管齐下，解决了贫困村产业发展的组织带动问题、贫困户的获得感幸福感问题、贫困群众的发展信心和发展能力问题，让这个村庄彻底摆脱绝对贫困，成了远近闻名的小康示范村。

日土县日松乡甲岗村海拔 4400 余米，距离阿里地区日土县城约 70 公里，从村庄往西 80 公里可达边贸点独木契列，是典型的边境村庄。脱贫攻坚以来，该村完善基础设施，提高公共服务功能，壮大集体经济，建立健全边境建设机制，推进便民服务站和村级组织活动，目前是阿里地区实施边境小康示范村建设项目的典型村。走进村里，现代化小区的景象扑面而来——平整的水泥路四通八达，笔直的路灯像士兵一样整齐排列，村里还配套建设了色彩活泼的幼儿园、美观大方的村民广场、功能完善的村委会活动场所。这个西藏西部最边陲的普通小村正以崭新的面貌阔步奔小康。

宗巴村海拔 4050 米，位于八宿县然乌镇西南部，该村属半农半牧村，村民收入主要来源为种植业、采集业、旅游业和建筑业等。2016 年脱贫攻坚战打响以来，宗巴村全力按照"以脱贫攻坚统揽全县经济社会发展全局"的县域发展思路，建强支部堡垒、推动易地搬迁、激发内生动力"三措并举"，取得了令人瞩目的成绩。

若达村地属高原高山峡谷地带，四面环山，山高谷深，地势险要，自然条件恶劣；耕地面积少，交通条件落后，生态环境脆弱。脱贫攻坚开展以来，村两委积极思考，瞄准市场需求，发挥特色优势，探索开展村合作社建设，在良好的市场环境及政府政策扶持下，走出了一条有特色的发展之路。

聂康村平均海拔 4800 余米，是我国西部边境典型的高海拔纯牧区村，距日喀则市区车程 680 公里，距拉萨车程 940 公里，全村土地面积约 965 平方公里。这里高寒缺氧、交通不便、环境闭塞，牧民们长期习惯于游牧分散经营的方式，草原牲畜过载，使该村面临严重的产业发展瓶颈与生态保护压力的双重矛盾。如何脱贫致富曾经长期困扰着这里的人们。在脱贫攻坚中，聂康村立足实际摸索出了一条适合自己的牧业产业发展新路。养殖专业合作社从无到有、从小到大、逐步发展，这是党委政府扶持引导、村党支部领导和组织群众开展互助合作、抱团发展的生动实践。

邦仲村隶属米林县米林镇，是米林县远近闻名的"边境村""文明村""平安村"和爱国主义教育基地。脱贫攻坚以来，邦仲村立足资源禀赋，坚持围绕强党建、转思想、兴产业、富村民、美村居这条主线，组织动员各方力量聚焦脱贫攻坚，走出了一条党建引领发展的"双赢路"。广大群众在党总支的带领下，就业平台更广了、集体分红更多了、口袋更鼓了、笑容更甜了。

脱贫攻坚使雪域高原换了人间！西藏历史性地消除了绝对贫困，为铸牢中华民族共同体意识提供了坚实的物质支撑，生动地阐释了道路自信，也为加快建设团结富裕文明和谐美丽的社会主义现代化新西藏奠定了坚实基础。

目 录

第一章

党建统领增动力
打造高原小康示范村

贡嘎县红星社区脱贫经验总结

红星社区是西藏自治区山南市贡嘎县吉雄镇下辖的行政村，位于雅鲁藏布江中游河谷地带，地势平坦宽阔，平均海拔约 3550 米。气候类型属于高原温带干旱季风气候，日照时间长，气温日差大、年差小，"长冬无夏，春秋相连"。北邻 101 省道，西与贡嘎机场相邻，东与贡嘎县城接壤，距离县城 1.5 公里。2019 年 9 月 6—9 日，西南科技大学课题组一行 4 人深入西藏自治区山南市贡嘎县红星社区开展实地调研，通过座谈访谈、入户调查、资料查阅和实地考察，形成了此报告。

一、脱贫攻坚战基期村庄概况

（一）人口受教育程度低，草地资源充足

红星社区下辖 3 个农牧民小组（自然村）。2015 年户籍人口 215 户 849 人，常住人口 215 户 800 人，男女比例为 0.95 ∶ 1。劳动力人口共计 425 人，占户籍人口总数的 50.06%。其中，当年外出务工人数为 70 人，常年外出务工人数为 20 人。人口居住相

对集中，生活方式和习俗具有典型的藏族传统。农牧民文化程度普遍偏低，80.8%的户籍人口仅有小学及以下文化程度；劳动力老龄化程度相对较高，其中，50岁及以上劳动力人数占社区户籍人口总数的比重达到35.81%。整体上看，红星社区受教育资源及群众思想观念的限制，人口受教育程度较低，对其自身的发展带来较大的限制。

红星社区植被葱翠、地域广阔，农用地以牧草地为主。2015年年底全社区人均牧草地面积达到30.42亩，人均林地面积1.88亩，人均耕地1.76亩。该社区属于青藏高原生态脆弱地区，资源匮乏，发展方式比较单一。

（二）基础设施发展参差不齐，短板突出

高寒缺氧、环境恶劣、灾害频发、生产落后、生态脆弱、疾病多发等诸多因素，严重制约着西藏经济社会发展[1]。由于资源环境及经济条件限制，红星社区的基础设施存在较多短板。2015年年底，红星社区在基础设施建设方面呈现出"总体水平不高、短板突出、发展水平参差不齐"的典型特征。农村公路建设方面，借助毗邻101省道的便利，已开通直达县城的班车，外部路网基本形成，但内部道路建设较为滞后，社区内部所有通组路面、95%左右的入户路面尚未硬化。农田水利设施建设方面，已初步形成了一套具有一定规模的农田灌溉和水土保持体系，有效灌溉率达到100%。饮水工程建设方面，自来水管网建设投入严重不足，广大农牧民饮用水以压井水为主。农村能源建设方面，农牧

---

① 张建伟、陈鹏：《世界屋脊的脱贫奇迹：西藏脱贫攻坚的伟大成就、基本经验与未来展望》，《西藏大学学报（社会科学版）》2020年第4期。

民生产生活主要依靠混合使用干草、干树枝和干牛粪，罐装液化气、沼气等优质清洁能源使用较少。农村电力设施方面，农牧民家庭生活用电通达率仅有 60% 左右。信息化建设方面，移动通信覆盖率约为 60%，而宽带网络覆盖率仅有 10% 左右。基础设施的短板限制，一方面降低了居民的生活便利度和舒适度，另一方面也限制了红星社区的对外交流与经济发展。

（三）公共服务供给不足，人居环境建设任务重

2015 年，红星社区的农村民生相较过去已有较大改善，但在公共服务供给水平和人居环境建设方面依然存在诸多短板。人居环境建设方面，社区已建成公共厕所 1 个，垃圾转运站 1 处，但 3 个自然村均未实现卫生厕所全覆盖。教育、医疗、卫生、文化等公共服务方面，建有村级卫生室 1 个，聘请全科医生 1 名负责社区农牧民日常保健和疾病初诊；建成社区幼儿园 1 个，义务教育阶段儿童全面接受学校教育，无辍学情况；社区没有文化活动室和红白理事会。

（四）就业渠道单一，内生动力不足

红星社区属于典型的高原地区，资源匮乏、交通不便，居民可选择就业方式较少。据调查，2015 年红星社区农牧民生计渠道以兼业化生产为主，占比达 81.43%。农牧民大多居住在离村域内公路较近且住房靠近耕作地块的区域，他们在农忙时从事农业活动、农闲时从事非农生产。其中，种植业主要为小麦、青稞、油菜、土豆等作物品种，但因人均耕地面积较少，农产品主要用于满足社区农牧民家庭消费，基本不进入市场销售；养殖业上主要有西

门塔尔牛、波尔山羊两类牲畜品种，以散户经营为主，仅有 1 名创业致富带头人带动发展，无农民专业合作社、农业龙头企业等新型经营主体。非农生产主要包括两个方面，一是家庭自纺羊毛氆氇，二是就近短期务工，如搬运工、保洁等。

（五）贫困状况明显

1. 瓶颈问题突出，发展能力不足

经精准识别，2015 年有建档立卡贫困人口 24 户 70 人，贫困发生率为 8.24%；后经动态调整确定建档立卡贫困人口 22 户 74 人，贫困发生率为 8.72%。

经实地调查了解，红星社区是一个典型的农业村，农业人口占社区人口总数的 90% 以上，产业发展表现出"小、散、乱"等特点。种养殖业发展缓慢，生产不成规模，产品质量不高、附加值低、经济效益不明显，导致社区经济总量较小、集体经济羸弱。2015 年，村集体经济仅有 2500 元左右。同时，由于长期以来在内部道路、住房、能源等方面的瓶颈问题突出，以及人居环境建设、部分公共服务供给的历史欠账，导致该社区社会经济发展水平总体不高。

依靠传统的"半工半耕"生产方式，农牧民收入水平不高，发展能力不足。一方面，社区农牧民受教育程度普遍较低，农业科技推广难度大，家庭经济发展缺计划、缺技术、缺经营能力。此外，一些村民想发展但苦于无门路，不知道该发展什么、怎样发展。即使在政府扶持下发展了产业，但由于没有新型经营主体带动，造成社区内的特色农业产业经营格局无法形成，使得种养殖业抵御市场风险能力弱，严重限制收入的提升。另一方面，村

民普遍缺乏劳动技能、务工渠道狭窄，外出务工大多只能选择在机场、建筑工地等从事临时性的体力工作，工资性收入不稳定、增收较为困难。据统计，2015 年社区内农牧民家庭人均可支配收入约为 9714.93 元，略高于自治区同期平均水平（8248 元），但与当年全国农村居民平均水平（11422 元）有较大差距。

2. 缺技术、缺劳动力是主要致贫原因

按贫困属性划分，该社区有一般贫困户 19 户 71 人，低保贫困户 1 户 1 人，五保贫困户 2 户 2 人。致贫原因方面，缺技术和缺劳动力是贫困人口的主要致贫原因，其中，"缺技术"有 12 户 35 人，"缺劳力"有 10 户 39 人，分别占全社区建档立卡贫困人口的 47.30% 和 52.70%。从文化程度来看，社区贫困户文化程度整体较低，大专及以上学历 3 人，仅占全社区建档立卡贫困人口的 4.05%；高中、高职和初中学历 10 人，占全社区建档立卡贫困人口的 13.51%；小学学历 49 人，占全社区建档立卡贫困人口的 66.22%；文盲或半文盲 6 人，占全社区建档立卡贫困人口的 8.11%。未进入学龄和正在校小学（之前未取得相关学历）6 人，占全社区建档立卡贫困人口的 8.11%。

3. 社区贫困人口收入总量低

2015 年，社区内贫困户家庭人均可支配收入仅有 2034.58 元，与该社区农牧民家庭当年人均可支配收入水平（9714.93 元）相比差距明显。收入结构主要以工资性收入和生产经营性收入为主，人均生产经营性纯收入为 644.34 元，占比 31.67%；人均工资性收入为 913.51 元，占比 44.9%；人均转移性收入为 454.45 元，占比 22.36%；人均财产性收入为 22.28 元，占比 1.07%。

二、脱贫攻坚投入与建设

（一）资金投入集中，变化显著

资金匮乏是红星社区发展的瓶颈，为改变红星社区贫困状况，县政府多方筹措资金，补齐短板。2016—2018年间，在脱贫攻坚领域的资金投入具有"三集中、一变化"的典型特征。一是资金来源集中，三年间累计获得各类扶贫资金共计1759.25万元，其中财政扶贫资金1664.25万元，占扶贫资金投入总额的94.60%。二是资金投入领域集中，主要瞄准农村基础设施、公共服务以及农业产业短板。三个方面分别投入738万元、615万元、300万元，占扶贫资金投入总额的比重分别为41.95%、34.96%和17.05%。其他领域的投入仅占比6.04%。三是资金投入年份集中，从各年度投入情况来看，2016年共计投入各类扶贫资金1125.75万元，占扶贫资金投入总额的63.99%；2017年共计投入各类扶贫资金81.7万元，占扶贫资金投入总额的4.64%；2018年共计投入各类扶贫资金551.8万元，占扶贫资金投入总额的31.37%。"一变化"是资金投入领域的年度变化显著，自2016年以来，红星社区谋定了"先解决短板和历史欠账、再夯实种养殖产业基础"的脱贫攻坚思路，2016年社区将各类扶贫资金集中投入到村组道路建设、公共服务设施建设和住房建设等三个方面，彻底解决了长期以来存在的内部道路、住房等方面的瓶颈问题以及部分公共服务供给的历史欠账，社区整体面貌焕然一新，社会经济发展水平得到明显提升；2017年社区开始转移各类扶贫资金投入方向，着力集中投入在小型农田水利设施建设和种植业发展两个方面，旨在夯实社区种植业基础；2018年社区又进一步加大了种植业发展方面的资金投入，旨在进一步构建特色农业产业经营格局、提升农牧民的生产经营效率和效益。具体情况如下：

1. 财政扶贫资金的具体投入情况

第一，农村基础设施建设投入情况（详见表1-1）。2016—2018年，该领域累计投入资金约738万元，从各年度投入情况来看，2016年共计投入资金约673万元，占比高达91.19%；2017年共计投入资金约35万元，占比4.74%；2018年共计投入资金约30万元，占比4.07%。从投向情况来看，通组道路和入户路建设（畅通、通达工程等）投入资金470万元，占基础设施建设投资总额的63.69%；插花式搬迁住房建设投入资金150万元，占基础设施建设投资总额的20.33%；小型农田水利设施建设投入资金80万元，占基础设施建设投资总额的10.84%；通村移动通信、互联网覆盖等农村信息化建设投入资金38万元，占基础设施建设投资的5.15%。

表1-1　农村基础设施建设投入情况（2016—2018年）

具体投向	投入金额（万元）	各年度投入情况（万元）		
		2016年	2017年	2018年
通组道路和入户路建设	470	470	0	0
插花式搬迁住房建设	150	150	0	0
小型农田水利设施建设	80	15	35	30
农村信息化建设	38	38	0	0
合计	738	673	35	30

资料来源：红星社区居委会。

第二，农业产业建设投入情况（详见表1-2）。2016—2018年，该领域累计投入资金约615万元，从各年度投入情况来看，2016年共计投入资金约85万元，占比13.82%；2017年共计投入资金约30万元，占比4.88%；2018年共计投入资金约500万元，占比81.30%。从投向情况来看，种植业投入资金555万元，占农业产业建设投资总额的90.24%；畜牧业投入资金50万元，占农业产业建设投资总额的8.13%；林业投入资金（主要是退耕还林）10万元，占农业产业建设投资总额的1.63%。

表1-2　农业产业建设投入情况（2016—2018年）

具体投向	投入金额（万元）	各年度投入情况（万元）		
		2016年	2017年	2018年
种植业	555	25	30	500
畜牧业	50	50	0	0
林业	10	10	0	0
合计	615	85	30	500

资料来源：红星社区居委会。

第三，公共服务供给水平建设投入情况（详见表1-3）。2016—2018年，该领域累计投入资金约300万元，主要集中在2016年对于社区广场的绿化、舞台及旗杆搭建、围墙修筑，主干道路灯安装，健身器材购置，农家书屋建设等方面。

第四，农牧民发展能力提升投入情况。2016—2018年，该领域累计投入资金11.25万元，其中，2016年在劳动力职业技能培训投入7.75万元，累计培训贫困人口2人次；2017年和2018年共计在农牧民种植培训上投入3.5万元。

表 1-3　公共服务和农牧民发展能力提升投入情况（2016—2018 年）

具体投向	投入金额（万元）	各年度投入情况（万元）		
		2016 年	2017 年	2018 年
公共服务供给水平建设	300	300	0	0
农牧民发展能力提升	11.25	7.75	1.7	1.8
合计	311.25	307.75	1.7	1.8

资料来源：红星社区居委会。

2. 金融扶贫贷款贴息资金的具体投入情况

2016—2018 年，红星社区共计投入金融扶贫贷款贴息资金约 95 万元（详见表 1-4），其中，通过扶贫小额信贷投入资金 45 万元。从各年度投入情况来看，2016 年共有 2 户贫困户获得扶贫小额信贷资金 10 万元；2017 年共有 3 户贫困户获得扶贫小额信贷资金 15 万元；2018 年共有 4 户贫困户获得扶贫小额信贷资金 20 万元。通过自治区"兴边富民"行动项目，2016 年扶持发展"农家乐" 1 家，投入扶贫专项贷款贴息资金 50 万元。

表 1-4　金融扶贫贷款贴息资金投入情况（2016—2018 年）

资金来源	投入金额（万元）	各年度投入情况（万元）		
		2016 年	2017 年	2018 年
扶贫小额信贷	45	10	15	20
"兴边富民"行动项目	50	50	0	0
合计	95	60	15	20

资料来源：红星社区居委会。

（二）紧扣问题，聚焦差距和短板

自 2016 年以来，红星社区紧扣突出问题和薄弱环节，聚焦差距和短板，在脱贫攻坚工作中主要采取了以下六个方面的措施：

第一，夯实扶贫产业基础、探索构建特色农业产业经营格局。该社区结合当地的农业资源禀赋，谋定"政府引导 + 企业带动"的发展思路，一是通过每年向社区一般贫困户及其他农牧民群众提供优质良种和农资、发放贫困户产业发展资金、定期开展种植业技术推广的示范指导等方式，提高社区贫困户种植业经营规模和档次。同时，大力施行"农牧结合、以种定养"的方针发展优质饲草和青贮玉米，进一步提升社区农业产业发展质量和效率。二是争取各类资金约 50 万元为社区内一般贫困户家庭免费提供奶牛（种牛）18 头，通过集中管理与分散养殖相结合的方式，与贫困户签订养殖承诺书，既保证贫困户稳定获得生产资料，又能够通过奶牛繁殖增加收入。三是引进贡嘎绿洲漠诚草业科技有限公司，开展苣荬草苗育基地项目建设，以企业带动广大贫困群众就近就业和促进村集体经济发展。

第二，强化教育培训、提升贫困群众素质和发展能力。一是不断加大脱贫攻坚宣传力度，2016—2019 年已累计开办各类惠民政策及扶贫政策宣传的农牧民"夜校"17 场、开展扶贫业务及政策培训 6 次、入户宣传 230 余人次，筑牢了贫困群众思想扶贫的基础、开阔了贫困群众的眼界、增长了贫困群众的见识。二是积极开展职业技能培训，引导建档立卡贫困劳动力参加驾驶技术、烹饪、钢筋工、瓦工、抹灰工等培训 4 期，2 名贫困群众因此获得国家职业技能认证。

第三，因地制宜探索村集体经济发展路径。一是借助毗邻机场、火车站（在建）和省道的"铁公机"区位优势，将村集体所有的部分林地对外承包给社区致富带头人德吉，发展餐饮、采摘、果园、观光、休闲林卡一体化的园林型"农家乐"，探索休闲农业和乡村旅游的发展之路。二是新建了磨面、榨油、羊毛加工、藏式家具加工于一体的4间总面积约666平方米的综合加工厂房，对外租赁给社区一组组长白玛旺杰，累计带动8名贫困群众获得稳定就业收入20余万元，还提升了当地传统民族手工艺品氆氇的价值、增加了社区农牧民家庭的经营性收入。

第四，以改善贫困户住房条件为突破口，于2016年6月开始投入建房及相关基础设施建设资金150万元用于一般贫困户的易地搬迁。到2017年12月，社区共计为10户建档立卡贫困户完成易地搬迁重建，贫困农牧民群众的住房安全得到了保障，极大程度地改善了其生活状况。

第五，加强基础设施建设，累计投入内部道路建设资金470万元用于约8公里的内部道路路面硬化。同时，加大社区自来水管网建设，于2016年社区完成自来水水管扩修约4.1公里，实现人畜饮水覆盖率达到100%，给社区群众创造了安全良好的饮水环境。

第六，提高公共服务供给水平，2015年至2016年累计投入300万元先后修建了便民服务中心、文化广场、文化活动室、农家书屋，组织实施了绿化、亮化工程。其中，便民服务中心采取开放式办公，主要承担为社区农牧民群众开具各类证明、接待来访信访、调解矛盾等业务，每年接待群众600余人；文化广场、文化活动室主要用于在每年藏历新年、望果节、百万农奴解放纪

图1-1　红星社区联户路现状

图1-2　红星社区群众综合活动服务中心

念日（3.28）、建党节（7.1）、国庆节（10.1）等固定节庆日举行
文艺演出、娱乐活动、知识竞赛和讲座等，丰富了农牧民群众的
业余生活；农家书屋藏书约5000本（册），每年接待群众100余人，
方便了农牧民群众的学习和文化素质的提升。

三、脱贫攻坚主要成效

（一）收入总量逐年增加，收入结构保持稳定

自脱贫攻坚以来，红星社区建档立卡贫困户家庭收入总量逐年显著增长、收入结构总体保持稳定。其中，工资性收入和生产经营性收入成为贫困户家庭收入的主要来源。

1. 收入总量的变化

自 2016 年开始，贫困户户均可支配收入逐年显著递增（详见表 1-5），到 2018 年已达到 47796.76 元 / 户，年均增量达到 13653 元，年均涨幅超过 109%。贫困户人均可支配收入也逐年增长至 2018 年的 14209.84 元。

表 1-5　脱贫攻坚以来建档立卡贫困户收入总量指标变化情况

主要收入指标（元）	2015 年	2016 年	2017 年	2018 年
户均可支配收入	6836.85	23236.96	35409.35	47796.76
人均可支配收入	2032.58	6908.29	10527.10	14209.84
最高人均可支配收入	2286.67	10295.00	24145.05	28023.85
最低人均可支配收入	1083.33	4199.63	4638.35	8404.09
人均可支配收入标准差	1009.67	3378.46	4913.49	5950.60

资料来源：红星社区居委会。

从入户调查结果来看，15 户受访贫困户对当前家庭收入表示"非常满意"、6 户受访贫困户对此表示"比较满意"，分别占比达到 68.18% 和 27.27%；21 户受访贫困户表示"完全不担心收入减少"，占比达到 95.45%；19 户受访贫困户表示"从未害怕过种

养殖因各种原因赚不到钱"，占比达到86.36%；20户受访贫困户表示"完全不担心害怕丧失致富机会"，占比达到90.91%。由此说明，红星社区建档立卡贫困户的整体收入结构较为稳定可靠。比如：在建档立卡初期，贫困户卓玛一家主要收入来源于在社区周边做散工，既无门路，又无本钱，还无技术，2015年家庭人均可支配收入仅有2263元，经过精准帮扶再加上自身的努力，该户家庭修建了新房，掌握了烹饪、机修技术，有了稳定可观的经济收入，2018年该户家庭人均可支配收入达到13034元，成为远近闻名的脱贫示范户。

2. 收入构成的变化

从建档立卡贫困户收入结构指标的变化情况来看（详见表1-6），22户建档立卡贫困户家庭人均可支配收入的结构以工资性收入和生产经营性净收入为主，两项收入合计占到贫困户家庭人均可支配收入的比重从2015年的76.57%增长到2018年的88.75%。其中，人均工资性收入占比呈现出波动性变化趋势，由2015年的44.9%小幅上涨至2018年的52.13%；人均生产经营性净收入比重则保持总体平稳，基本保持在35%左右的水平范围内。此外，人均转移性收入呈现逐年下降态势，由2015年的22.34%下降至2018年的11.25%。

目前，红星社区贫困户生计渠道更加多样，一是种养殖规模和档次得到提升，农业经营性收入可观。二是传统手工艺品的对外销售更加顺畅，产品价值大幅提升。三是外出务工就业质量和收入得到提高，工资性收入更加稳定。四是政府提供的公益性岗位数量逐年增长，已由2015年的0个提升至2018年的44个。其中，公路养护员 3 个，护林员 30 个，保洁员 1 个，草场监督员 2 个，水保员 1 个，机动岗位 1 个。五是引进农业企业实现"零突破"，企业提供的就业岗位为贫困群众工资性收入增长创造了条件。

表 1-6　脱贫攻坚以来建档立卡贫困户收入结构指标变化情况

主要收入指标（元）	2015 年	2016 年	2017 年	2018 年
人均生产经营性净收入	644.34	1854.65	3944.23	5203.13
人均工资性收入	913.51	4211.43	5346.49	7407.91
人均转移性收入	454.45	842.21	1236.38	1598.80
人均财产性收入	22.28	0.00	0.00	0.00

资料来源：红星社区居委会。

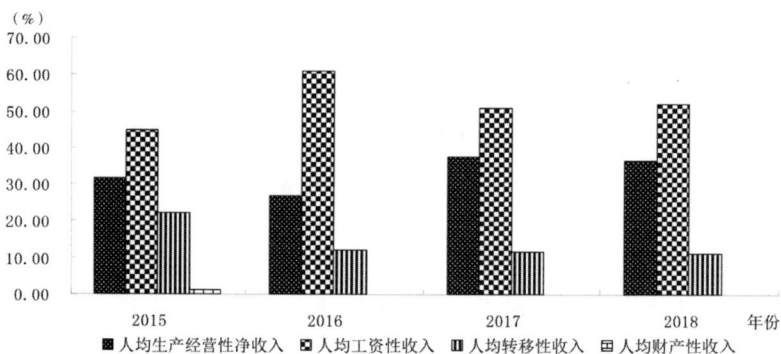

图 1-3　红星社区建档立卡贫困户家庭收入结构变化对比情况

资料来源：红星社区居委会。

（二）基础设施水平极大改善

脱贫攻坚以来，红星社区基础设施得到了极大改善（详见表 1-7）。

在道路建设方面，3 个自然村已实现主干道路面和所有入户路面的硬化处理。

在农村饮水工程建设方面，3个自然村饮用水全部实现了集中净化处理，所有贫困户家庭均以自来水作为主要水源，管道供水率达到100%，饮水安全全部得到保障。

在信息化建设方面，3个自然村已全部开通宽带和广播电视信号，社区宽带入户率由2015年的10.23%上升至2018年的71.43%，其中，22户建档立卡贫困户家庭的互联网宽带使用率由2015年的0%增长至2018年的36.36%、广播电视开通率和手机拥有率都达到100%。

在能源建设方面，社区农牧民生产生活的优质清洁能源使用率大幅提升，其中，贫困户家庭使用罐装液化气的比重达到68.18%，仅个别贫困户辅助使用干草、干树枝和干牛粪。

在电力设施建设方面，社区农牧民家庭生产生活用电通达率已由2015年的60%增长到2018年的100%。

表1-7 脱贫攻坚以来红星社区基础设施建设主要指标变化情况

主要指标	单位	2015年	2018年
主干道路面经过硬化处理的自然村个数	个	0	3
通宽带的自然村个数	个	0	3
饮用水经过集中净化处理的自然村个数	个	0	3
饮水不安全贫困户数量	户	22	0
使用自来水贫困户数量	户	0	22
通宽带户数	户	22	150
通生活用电的农户数量	户	129	215

资料来源：红星社区居委会。

（三）人居环境与公共服务变化大，满意度高

在人居环境建设方面，红星社区 3 个自然村已实现卫生厕所全覆盖、污水处理和垃圾转运不断改善。22 户建档立卡贫困户家庭的厕所类型以传统旱厕为主。其中，有 4 户贫困户家庭拥有卫生厕所，占比 18.18%；生活垃圾处理方式以定点堆放为主，占比达到 95.45%；生活污水处理方式以院外沟渠排放为主，占比达到 95.45%。

图1-4　红星社区贫困户住房内景

图1-5　红星社区民居环境

从入户调查结果来看，22户建档立卡贫困户都各自拥有安全住房1处，平均住房面积已达到233.95平方米，房屋类型以平房为主。其中，10户贫困户完成危房改造，解决了住房安全问题；22户受访贫困户对现有住房表示"非常满意"和"比较满意"，占比达到100%；22户受访贫困户认为自家与5年前相比生活变得"好很多"，占比100%。社区绿化总面积已达到190.5亩，彻底消除了长期存在的无树村、户和院落的历史问题，村容村貌焕然一新。

表1-8　脱贫攻坚以来红星社区人居环境与公共服务主要指标变化情况

主要指标	单位	2015年	2018年
实现卫生厕所全覆盖的自然村个数	个	0	3
贫困户中危房改造户总数量	户	0	10
贫困户中危房改造已完成户数量	户	0	10
文体活动场所/图书室/文化室	个	0	1
贫困户参加合作医疗人数	人	0	74
贫困户加入大病医疗保险人数	人	0	74
贫困户买大病医疗补充保险人数	人	0	74

资料来源：红星社区居委会。

在医疗、卫生、文化等公共服务方面，贫困户参加合作医疗、加入大病医疗保险和购买大病医疗补充保险人数达到100%（详见表1-8）。从入户调查结果看，20户受访贫困户表示"自己完全不担心自己的身体变差"，占比达到90.91%；18户受访贫困户表示"自己完全不担心家人身体不好"，占比达到81.82%。可见，社区医疗保障扶贫政策实施效果好，已深入人心。社区已建成村文化广场、文化活动室和便民服务中心各1个，农牧民文化生活得到极大丰富。通过实施教育质量提升工程，教育类"三包"经费补贴、农牧区义务教育学生营养改善计划补贴全部落实到位，社区义务教育阶段学生入学教育成效得到进一步巩固。

（四）优化了治理结构，增强了治理能力

自脱贫攻坚以来，红星社区将村级治理能力建设作为夯实脱贫攻坚根基的重要手段（详见表1-9）。一是抓好村级班子和党员两支队伍建设，任命社区总支书记1名、社区主任1名、委员4名，配齐了第一书记1名和驻村干部4名；党员数量由2015年的49名增长至2018年的84名；党员年龄结构趋于合理，由2015年的45周岁下降至2018年的42周岁；党员受教育程度有所提升，其中，高中及以上学历党员由2015年的4名增长至2018年的9名，初中学历党员由2015年的12名增长至2018年的25名。

表1-9　脱贫攻坚以来红星社区村级治理能力变化情况

主要指标	单位	2015年	2018年
党员数量	人	49	84
党员平均年龄	岁	45	42
党员受教育程度高中以上	人	0	1
党员受教育程度为高中	人	4	8
党员受教育程度为初中	人	12	25
党员受教育程度为小学	人	33	50
创业致富带头人人数	人	1	2
村集体经济收入	万元	0.25	50
年内召开村民大会或村民代表大会次数	次	5	8

资料来源：红星社区居委会。

二是开办社区农民夜校,每周开展一次,进行政策宣讲及汉语培训等,极大地提升了社区管理人员的管理能力及村民的汉语素质能力。

三是壮大社区集体经济,社区集体经济也由 2015 年的 2500 元左右增长至 2018 年的 50 万元,解决村级事务中无人办事、无钱办事的困局。

四是提升了村民参与自治的质量,社区农牧民参与村集体活动积极性普遍提高,参加村民大会次数由 2015 年的 5 次上升至 2018 年的 8 次。这些成效都为提升社区村级治理能力提供了重要保障。2016 年,红星社区村民委员会先后被中共西藏自治区委和中共山南市委授予"先进基层党组织"。

(五)乡风文明保持良好,内生动力极大增强

在乡风文明方面,红星社区民风淳朴、邻里关系和睦,农牧民的聘礼支出、婚宴支出、葬礼支出等人情支出较少(详见表 1-10),其中,平均婚宴支出仅由 2015 年的 1800 元增长至 2018 年的 3000 元,平均葬礼支出仅由 2015 年的 2000 元增长至 2018 年的 3000 元。每年人情往来支出较低,仅由 2015 年的 500 元增长至 2018 年的 1000 元,占当年家庭户均总收入的比重由 2015 年的 1.38% 小幅上涨至 2018 年的 1.92%。

近年来,该社区没有判刑人员和接受治安处罚人员,社会治安良好,未发生打架斗殴、赌博、偷盗、抢劫等恶性事件,未出现上访人员和群体性事件。从入户调查结果来看,所有受访贫困户都认为"日子过得很幸福""完全没有相互攀比现象""完全没有夫妻打架、虐待老人/儿童现象""没有求神拜佛现象""没有

酗酒赌博问题""没有邻里争吵或矛盾""没有偷鸡摸狗等现象";21 户受访贫困户分别认为"完全不存在红白喜事等大额礼金""完全不存在村里资源分配不公平现象",占比都达到 95.45%;19 户受访贫困户认为"完全没有随地扔垃圾、吐痰等现象",占比达到 86.36%;18 户受访贫困户认为"完全没有婚丧嫁娶大操大办",占比达到 81.82%。

在内生动力方面,通过修订和完善村规民约以及定期组织开展一系列的主题教育活动,广大农牧民特别是贫困群众内生动力稳步提升。从入户调查结果来看,所有受访贫困户都认为"完全没有无所事事游手好闲现象";19 户受访贫困户分别认为"完全不存在经济困难就靠政府救济、碰到问题或困难了就等着政府来解决的情况""对摆脱贫困有更强的渴望""对挣更多的钱有更强的渴望""通过种养殖 / 做生意 / 务工等可以改变现状",占比都达到 86.36%;17 户受访贫困户认为"依靠自己就能改变现状",占比达到 77.27%。2017 年,红星社区被中共山南市委、市人民政府授予"创先争优强基础惠民生'十星模范村'"。

表 1-10　脱贫攻坚以来红星社区乡风文明变化情况

主要指标	单位	2015 年	2018 年
村内平均聘礼支出	元	0	0
村内平均婚宴支出	元	1800	3000
是否有村规民约	/	是	是
村内平均葬礼支出	元	2000	3000
贫困户年内人情往来净支出	元	500	1000
年内判刑人员和接受治安处罚人员人数	人	0	0

资料来源:红星社区居委会。

图1-6　红星社区居民公共澡堂

（六）新型乡村新面貌

2016年社区建档立卡贫困户全部脱贫，贫困发生率由2015年的8.72%降至0。此后经过两年的巩固提升，红星社区水、电、路、网等设施进一步完善，贫困人口吃穿问题全部解决，城乡居民基本医疗保险、大病医疗保险实现全覆盖，无义务教育阶段因贫失学辍学问题，住房安全得到有效保障。

目前，红星社区215户农牧民都居住在美观整洁的现代化新房。整齐的藏式院落、纵横交错的水泥路、崭新的幼儿园、便利的生活超市，展现出这个新型乡村的新面貌。

四、脱贫攻坚典型经验

（一）坚持党建统领，增强产业发展的信心和动力

党建扶贫发力，各级党政军企事业单位定点、驻村、结对认

亲等帮扶措施多样，扶智与扶志相互融合，多方协同助力脱贫攻坚[1]。红星社区把发展产业作为实现脱贫的根本之策，突出党建统领，坚持"点线面"结合，从党建与产业融合方式上增强了农牧民发展产业的信心和动力。

1. 坚持"党支部＋公司＋贫困户"模式

通过"贡嘎县苣荬草苗育基地扶贫产业项目"引进贡嘎绿洲漠诚草业科技有限公司，由社区委员整理农田 1500 亩作为种植基地租赁给公司，公司负责种植技术指导、日常经营管理和对外销售，广大农牧民特别是贫困劳动力负责种植栽培和田间管理，他们既学习了种植技术又能够稳定获得工资性收入，同时也能达到转变"老观念"以及调整种植结构的目的。

2. 创新"党建＋先锋"模式，探索设置党员中心户，率先垂范发挥示范引领作用

红星社区在 3—4 户党员户当中评选 1 户党员中心户，主要负责引领老百姓的思想工作、给老百姓宣传党的政策。比如：在种养殖产业发展、荒山综合开发、危房改造和村道建设过程中，党员中心户通过积极宣讲政策、主动做好贫困户的思想工作、帮助贫困户签订协议，让大部分贫困家庭感受到党对他们的关心和关爱，增强他们早日脱贫的信心，从而保证了各类扶贫项目工程如期顺利实施；每年秋收季节，党员中心户带头下地帮助五保户、低保户等弱势群体家庭解决困难；2016 年 10 户贫困户建房时，党员中心户带头帮助，有劳力出劳力、有木材出木材，甚至免费

---

[1]　王延中、丁赛：《民族地区脱贫攻坚的成效、经验与挑战》，《西南民族大学学报（人文社会科学版）》2020 年第 11 期。

提供建房所需的备料和运输。

3. 创新"党建＋集体经济"模式，探索"盘活土地、培育农业主体、资产运作"等集体经济发展模式

一是盘活集体土地"活血"破瓶颈，比如：社区1组于2018年通过向贡嘎绿洲漠诚草业科技有限公司流转土地，收取收益21.01万元，带动5户贫困户增收25630元。

二是培育农业主体"生血"创收入。比如：采用"分散饲养＋集中销售"模式，向9户贫困户家庭发放生产资料（改良奶牛）18头，打牢了贫困群众持续稳定增收的基础。

三是抓好资产运作"造血"增积累，将财政分散的发展类资金集中投入到产业中。比如：整合产业周转金等投资修建综合加工厂，产生分红收益反哺社区其他扶贫事业。2018年社区集体收入已达50万元。

（二）聚力"十星模范村"创建，提升群众脱贫奔康的内生动力和幸福感

紧密围绕"先进堡垒星、平安和谐星、遵纪守法星、环境美化星、重教尚文星、管理民主星、特色经济星、勤劳致富星、民族团结星、爱国爱党星"的评选标准，积极开展创建活动，努力提升广大农牧民群众脱贫奔康的内生动力和幸福感。

一是强化组织领导，夯实了基层堡垒，凝聚了脱贫攻坚强大合力。通过充分酝酿，发扬基层民主，选举能人建强社区领导班子，任命了社区总支书记1名、社区主任1名、委员4名，配齐了第一书记1名和驻村干部4名，形成了自上而下、层层负责、责任到人的组织领导机构，选出的社区干部充分发挥了示范带头

作用，确保了社区扶贫工作务实、脱贫过程扎实。

二是广泛开展典型宣传，营造创建平安和谐社区的浓厚氛围。成立党员志愿者服务队和党员义务宣传队，通过开展入户宣讲、制作宣传栏、张贴横幅标语，分发宣传资料等活动，增强了社区广大农牧民群众参与脱贫攻坚的责任感和使命感，凝聚了脱贫攻坚的强大力量。

三是以推进维稳举措为要务，将遵纪守法与平安和谐相结合。自 2016 年以来，依托"法律进万家"主题宣讲活动，定期开展双月一次的法律宣讲与咨询服务，提升了农牧民群众的法制意识；深化"双联户"服务管理工作，搭建起了干群联防、防微杜渐的维稳防控网，成功制止治安案件发生、化解农牧民群众纠纷数十起，消除了各类不稳定因素，为法制扶贫奠定了基础。

四是积极开展"净化社区、美化社区"活动，社区人居环境焕然一新。以农村垃圾治理和污水处理为重点，通过"三清两改"（清理危房、空心房和违法建筑，改水、改厕）等建设工程，社区垃圾无害化处理覆盖率超过 80%；通过开展种树、种花、种果等绿化工作，补种草坪 305 平方米，种植各种树苗 1309 株，绿化面积达 190.5 亩，极大地改善了社区人居环境，提高了农牧民群众生活水平，巩固提升了脱贫攻坚成果。

五是组织开展"四讲四爱""家风家教""八字教育"等传统美德教育活动，引导社区农牧民群众弘扬正能量、培育重教尚文新风尚。近三年来，把主题教育活动贯穿于农牧民群众的日常生产生活中，已累计组织基层文艺队驻村演出 12 场、组织群众读书活动 15 次、寒暑假助学帮教活动 7 次，提高了群众的思想道德水平，培育了文明村新风，极大地促进了社区精神文明建设成效，为加快脱贫攻坚提供了强劲的精神动力和民风保障。

六是通过建立健全民主管理制度，形成社区脱贫攻坚工作民主化、法治化和规范化的良好局面。完善了村级民主议事规程，并以"制度＋流程"的形式加以固定，保证社区事务管理按流程规范化运作；抓实了"两会两票"和"五步规程"决策制落实，保障了广大农牧民群众的知情权、参与权、管理权、监督权，促进了社区内部和谐稳定、营造了振兴发展的和谐环境。这些都显著提升了社区脱贫攻坚的各项能力。

七是培育特色产业，确保脱贫可持续。"授人以鱼不如授人以渔"，红星社区充分利用本地产业的资源优势，以探求发展门路为要务，勤劳致富与特色经济合力，坚持政策带动和企业帮扶，以利益联结机制推动贫困群众"不离乡、不离土"，就近就便就业，真正走出自己的脱贫致富之路。

八是坚持典型引路，发挥领头效应。通过每年开展脱贫致富典型评选活动，引导广大农牧民群众转变了观念，自力更生，艰苦奋斗，靠勤劳双手脱贫致富奔小康，在社区内树立了勤劳致富、脱贫光荣的鲜明导向，形成了有劳才有得、多劳多得的正向激励，持续激发贫困群众脱贫致富内生动力。

九是积极开展"道德讲堂·民族团结"等各类主题教育活动，努力营造"相亲相爱、汉藏一家"的民主团结新风貌。以"三个离不开""四个认同"为重点，持续深入开展形式多样的民族团结教育宣讲，加大推进民族通婚力度，特别是结合纪念西藏民主改革60周年的契机，教育广大农牧民群众要饮水思源，坚定维护祖国统一，民族团结的种子已在群众心中扎根、成长，社区内已形成"中华民族一家亲"的民族团结进步格局，为促进脱贫攻坚新成效奠定了团结和谐的发展基础。

十是深入开展感党恩教育活动、"党的十九大精神"宣讲活动，培育农牧民群众"讲党恩爱核心、讲团结爱祖国、讲贡献爱家园、讲文明爱生活"的爱国情怀。以社区感恩教育展览室为主要阵地，全面展示新旧西藏社会经济对比变化，提升了农牧民群众感党恩思想；以讨论会为交流形式，深刻体会共产党为农牧民群众带来的翻天覆地变化，形成了"爱党、爱国、爱社会主义新西藏，坚定铭党情、感党恩、跟党走"的强烈共识。这些举措都大力激发了社区贫困群众"脱贫靠奋斗"的主体意识。

（三）开展技能培训扶贫，增强就业信心和内生发展能力

红星社区针对农牧民生计渠道以兼业化生产为主、就业门槛较低的典型特征，将贫困群众实现"充分就业、高质量就业"作为其摆脱贫困的根本前提和有力途径，为此，着力通过两个方面路径，不断强化就业扶贫。

一是调查了解和全面分析社区贫困劳动力就业条件。通过定期组织就业扶贫工作组入户开展调查，精准掌握贫困户转移就业意愿、培训意愿和创业意愿的动态情况，通过分类制定就业扶持计划，落实技能提升、输转就业、创业带动等具体就业帮扶措施，同时，还针对贫困户开展面对面就业指导，引导贫困户更新就业观念、增强就业信心。

二是深入开展"技能扶贫专项行动"，建立"五管齐下抓培训"工作机制（精准对象抓培训、突出需求抓培训、分类施策抓培训、整合资源抓培训、典型引路抓培训）。近年来，红星社区根据贫困劳动力在就业创业等方面的意愿、自身素质条件和市场

用工需求、地方产业发展实际需求，依托长沙、拉萨等地的职业培训学校，对有技能培训意愿的贫困劳动力实施全覆盖培训，确保贫困劳动力既能够在"家门口"就能接受"短平快"的农村实用技术培训，还能有针对性地接受定向、定岗职业技能培训或创业培训，通过培训提高了贫困劳动力技能素质，确保了贫困家庭劳动力至少掌握1门实用技能，引导和促进了贫困劳动力由"体力型"向"技术型"的转变，提升了就业脱贫的质量和效果。

五、小结和讨论

自党的十八大以来，红星社区深入学习领会习近平总书记关于扶贫工作重要论述，认真贯彻落实贡嘎县委、县政府脱贫攻坚决策部署，细化实化政策措施，因地制宜深化精准扶贫精准脱贫，因户因人施策，重在激发和增添贫困群众内生发展动力，实现了脱贫奔康、繁荣稳定和可持续发展的良好局面。社区贫困户家庭收入总量逐年快速增长、收入结构总体保持稳定，产业规模和档次大幅提升，水、电、路、网、能源等基础设施的突出短板加快补齐，人居环境与公共服务水平得到了极大改善，村级治理能力显著提高，村容村貌焕然一新，贫困群众内生动力稳步提升，贫困人口退出路径较为清晰、后续巩固措施制定到位。脱贫攻坚成效得到社区广大农牧民特别是贫困群众的高度认可，社区社会经济发展水平呈现出欣欣向荣之势，一张"产业兴、乡风美、群众富"的发展蓝图正在社区徐徐展开，昔日贫困村已变成美丽幸福村和高原小康示范村。

大量研究证实，部分贫困人口缺乏参与意识使得扶贫项目难以推进①。因此,激发和增添贫困群众内生发展动力是红星社区成功的一条重要经验。红星社区聚力党建统领产业、创建"十佳模范村"、开展技能培训扶贫,多管齐下,解决了贫困村产业发展的组织带动问题、贫困户的获得感幸福感问题、贫困群众的发展信心和发展能力问题,在红星社区看不到"等、靠、要"的现象,实现了扶贫与扶志、扶智的完美结合。

红星社区的成功也得益于良好的区位优势和产业融合发展的理念。类似优势的社区,在发展中应特别注意这两点:一是抢抓机遇,将村集体经济发展融入自身优势当中,既要带动广大农民群众获得稳定的非农就业渠道,又要着力培育新的经济增长点,努力探索将农村产业与区位优势产业集群融合的新业态。二是结合乡村振兴战略实施,多渠道加大各类投入和新型经营主体引进,不断夯实现代农业基础,拓展农业多种功能,挖掘民俗、手工艺品等特色传统文化资源,大力推进乡村旅游,从而建立农民群众在一二三产业融合发展中的利益共享机制。

（本案例执笔人：汪涛　王德平　蒲洋华　魏晋）

---

① 孙久文、张静、李承璋等:《我国集中连片特困地区的战略判断与发展建议》,《管理世界》2019 年第 10 期。

案例点评

  红星社区是西藏自治区山南市贡嘎县吉雄镇下辖的行政村，脱贫攻坚刚开始时，这里还有建档立卡贫困户22户74人。脱贫攻坚让这个村庄顺利脱贫，成了远近闻名的小康示范村。近年来，红星社区不断争取各方面投资特色产业，发展壮大社区集体经济，打造"党支部＋公司＋贫困户"的脱贫攻坚新模式，社区群众收入不断增长。截至2020年12月，红星社区人均可支配收入达1.6万元。社区里幼儿园入学率不断提高，包吃、包住、包基本学习费用的资助标准逐年提高，极大地减轻了教育负担。红星社区不断优化党员干部队伍，使党员干部队伍趋于年轻化、高素质化。随着村民生活水平的不断提高，红星社区把整治村容村貌、改善人居环境作为一项重要工作，通过开展残墙整治、垃圾治理、村居绿化等活动，大力改善社区人居环境。未来红星社区将通过重点发展农产品加工、休闲旅游等产业，培育自己的农产品商标，提高品牌意识，加强农村公共服务体系建设，为社区群众创造更美好的生活，谱写出西藏人民在党和政府的关怀下依靠双手脱贫致富、开创美好未来的美丽新篇章。

  （点评人：王德平，西南科技大学生命科学与工程学院／农学院副教授）

第二章

拔穷根　谋发展
打造中国边境小康第一村

日土县甲岗村脱贫经验总结

甲岗村隶属于西藏阿里地区日土县日松乡，与印控克什米尔地区接壤，是我国的边境村，也是国家级贫困村。经过多年的艰苦努力，脱贫攻坚取得了决定性进展，人民生活水平得到明显提升，村庄面貌得到显著改善，2018年实现脱贫摘帽。2019年9月10—14日，西南科技大学课题组来到甲岗村，对该村进行了实地调研，与各级干部和群众进行了深入交流，在收集各类资料的基础上完成了此报告。

一、脱贫攻坚战基期村庄概况

（一）贫困发生率较高，生态环境脆弱

甲岗村下辖3个作业小组，村民以藏族为主，日常语言主要为藏语，少部分农牧民会说汉语。2015年全村共有179户673人。其中，劳动力人数为458人，外出务工人员极少。经过精准识别，共有建档立卡贫困人口27户93人（其中劳动力40人），其中男性51人，女性42人，贫困发生率为13.82%。

图 2-1　甲岗村牧草场

甲岗村位于青藏高原高海拔地区，平均海拔 4400 米，生态资源较为脆弱，自然条件较差。全村土地总面积约为 40.5 万亩，约占全乡总面积的 41.8%。其中，草地面积约为 27 万亩，耕地面积约为 1170 亩，牲畜存栏量 20458 头（只、匹）。

草场资源和矿产资源较为丰富（目前已探明的矿产资源包括铁、铜、金、水晶、锑、铅、锌、石灰石、硼砂、盐等），耕地、水域和植被面积极少。由于草场具有天然脆弱性，大规模农业开垦和牧业活动导致甲岗村目前面临草场退化和生态环境恶化的困境，进而演化为草场生产力降低和产草品质下降。

（二）基础设施落后，公共服务供给能力弱

2015 年以前，该村基础设施落后，公共服务供给能力弱。具

体地说：

在交通道路方面，未实现村内道路硬化和户道硬化，未通班车，村组间距离较远、路况差、自然灾害多，加上该村与牧草场距离较远，农牧民出行、夏季冬季轮转极为不便。

在电力设施方面，未通生活用电和生产用电，农牧民用电主要依靠小型户用蓄电池充电或使用蜡烛进行照明，很难满足日常生产生活的用电需要。

在通信基础设施方面，未接通电话、有线电视信号和网络宽带，通信基础条件极为薄弱，信息化水平滞后。

在饮水设施方面，农牧民饮水基本靠20公里以外的泉水来维持日常人畜饮水，冬天室外温度达到 -25℃左右时主要依靠冰雪融化水来维持生产生活。水源严重缺乏，供水保障能力不足，水质合格率也处于较低水平。

在家庭卫生条件方面，农牧民均没有卫生厕所，厕所以旱厕为主，厕所环境比较恶劣。人畜混居情况普遍，多数群众环境保护意识不强，生活垃圾和生活污水大多随意丢弃或随意排放。

在村级卫生医疗和教育设施方面，村内尚无标准化卫生室和学校，农牧民看病、子女上学只能到50余公里外的日松乡，看病就医和子女就学极为不便。

在村级管理服务方面，全村共有党员97名，党小组3个，村两委班子6人，其中小学文化程度4人，文盲或半文盲2人；班子成员文化程度偏低、思想比较固化，村级治理能力偏弱。

（三）群众思想守旧，发展渠道单一

由于生态环境恶劣及资源匮乏，甲岗村多数群众发展理念落后，脱贫攻坚以前，过着传统的游牧生活，生计渠道较为单一。多数农牧民选择在村庄本地、乡镇和县城打零工，同时兼顾农牧业生产，属于以就近就业和牧业生产的"半工半牧"生计方式。

农牧民群体文化水平总体偏低，汉语使用能力较弱，多数选择就近务工（兼顾家庭照顾和农业生产），前往阿里、拉萨等地区务工、经商和创业的人员极少，且自主创业和自主就业积极性不高。农牧民外出就业基本依靠县人社局统筹安排，存在就业信息渠道不畅、就业人数不多、就业方式不稳定的问题。

（四）"半工半牧"为主，致贫原因复杂

甲岗村在畜牧业上，以家庭独户养殖的白绒山羊为主；在种植业上，粮食作物主要是青稞，同时兼有油菜、豌豆和青饲料。青稞等粮食作物主要用于满足家庭内部消费，基本不会进入市场销售。2015 年，村内有 3 个集体经济项目，分别为村农牧民施工队、村扶贫洗车场和村沙石料场，虽有一定经济效益，但存在参与人数较少、内部管理混乱、辐射带动能力较弱和增收效果不明显等问题。

经营性收入主要来源于畜牧业，加之少量种植业。政策性收入占农牧民家庭收入的比例最大，是最主要的收入来源。2015 年年底全村农牧民人均收入为 6560 元，2016 年人均收入为 8060 元，2017 年人均收入为 9651 元，2018 年人均收入为 10200 元，年均增长率为 16.1%。

在致贫原因方面，建档立卡贫困人口 27 户 93 人中，"缺技术"的有 15 户 51 人，占比 54.84%；"缺劳力"的有 6 户 22 人，占比 23.66%；"缺资金"的有 5 户 19 人，占比 20.43%；"因灾

致贫"的有 1 户 1 人，占比 1.08%。可见，缺技术、缺资金和缺劳力是甲岗村农牧民致贫的主要原因。

实地调研发现，缺资金和技术主要是因为甲岗村产业结构较为单一，没有其他更好的替代产业，一些牧草地资源较少的农牧民，极易陷入贫困境地。产业发展滞后的原因既有高原生态环境限制和距离城市较远等客观因素，也有传统游牧生产经营理念落后等主观因素。

二、脱贫攻坚投入与建设

（一）脱贫攻坚投入情况

2016—2018 年，甲岗村累计获得各类扶贫资金共计 83455.43 万元。

资金来源构成情况为：国家投资 68704.74 万元，占比 82.14%；自治区专项资金 10335.49 万元，占比 12.36%；援藏投资 400 万元，占比 0.48%；地县配套资金 1924.67 万元，占比 2.3%；整合资金 1220.03 万元，占比 1.46%；群众自筹资金 870.50 万元，占比 1.04%。从资金来源情况看，具有明显的政府主导投入驱动特点。

在具体资金投向上，用于边境公路和村组公路建设 57763.50 万元，占比 69.06%；用于农田灌溉工程和农村安全饮水巩固提升工程建设 710.42 万元，占比 0.85%；用于边境小康示范村建设国家投资 21862.23 万元，占比 26.14%；用于村级卫生室建设 60 万元，占比 0.07%；用于幼儿园建设 250 万元，占比 0.30%；投入农业产业发展共计 2999.44 万元，占比 3.58%，主要用于苗圃基地建设。从资金投入结构可以看出,扶贫资金在边境公路和村组公路建设以及边境小康示范村建设等方面的投入最大,着重用于改善边境地区的交通条件和边民的生产生活条件,为稳固边防、促进边民安居乐业夯实基础。

(二)脱贫攻坚主要措施

1. 加大基础设施建设力度,改善边境农牧户生产生活条件

甲岗村地处我国边境,有着独特的地域特点和村庄风貌。同时该村村域面积广,农牧户分散居住在安置区域及牧区。由于道路交通基础设施建设历史欠账较多,2015年时全村村组道路均未实现硬化,农牧户出行困难。全村电力、水利及通信设施建设较为滞后,与外界信息沟通渠道十分封闭。对此,甲岗村将改善基

图 2-2 甲岗村新貌

础设施作为脱贫攻坚的首要任务和主攻方向，重点通过"十项提升工程"和"边境小康示范村"建设，大力实施交通道路等基础设施建设和边境小康示范村建设。其中边境小康示范村一期建筑规划面积达1.59万平方米，建成了49户安居房及附属设施，实现了200余名农牧户搬入新房、告别矮破旧房，同时完成了村内道路硬化、水厂、给排水、太阳能路灯、垃圾填埋场、标准化卫生室、农网升级改造、通讯、小型文化广场及幼儿园等一大批基础设施建设，基本满足了群众对公共服务和基础设施的需求。

2. 推进转移就业和技能培训，强化贫困群众自身"造血"功能

甲岗村在推进转移就业和技能培训工作时，立足于各年产业项目发展情况、经济合作组织建设情况和群众实际情况，全面摸排收集农牧民群众转移就业的需求，制定全村农牧民群众培训需求表，针对性开展了包括安保、客房服务、烹饪、驾驶、装载机和挖掘机等多种形式的技能培训，并通过"三个一批"积极引导农牧民群众转移就业。

截至2018年年底，通过政策优势转移一批，利用县扶贫开发公司和公益性岗位，实现转移就业25人，实现有效增收152400元；通过经济合作组织转移一批，利用现有的村集体经济，直接带动人员145人次，实现有效增收32余万元；通过项目带动转移一批，抓住国防公路建设、边境小康示范村建设以及土地平整等项目实施的契机，积极开展劳务输出，共计620人次，实现增收180余万元。

此外，甲岗村通过开展产业扶贫工作，构建农村经济合作组织的发展和贫困户增收的利益联结机制，增强了村和农牧民群众自身"造血"功能。2015 年以来，甲岗村为脱贫户每户发放奖励帮扶资金 6000 元，每年为每名农牧民群众分红 500 元左右。

3. 推进教育及健康扶贫，有效阻断贫困代际传递，改善群众健康

为改变村内无学校的局面，优化在校生接受教育的质量，2016 年，甲岗村幼儿园完成建设，并于 2017 年 3 月正式投入使用。目前共有学生 12 名，教师 1 名，生活老师 1 名，方便了农牧民幼儿就近入学。

通过实施教育扶贫工程、十五年免费教育、两后生职业教育、贫困家庭子女高等教育"三免一补"等资助政策，让贫困家庭子女接受教育有了更好的保障。同时，甲岗村还建立了适龄儿童和

图 2-3 甲岗村双语幼儿园音乐排练室

建档立卡贫困家庭儿童信息台账，并于每年秋季开学时更新。截至 2019 年 9 月，甲岗村 6—15 岁适龄儿童 126 人（含一级残疾 2 人）中，实际入学 124 人，其中 4—6 岁幼儿园阶段入学 45 人，7—12 岁入学 75 人，13—15 岁入学 51 人，在校大学生 21 人。

健康扶贫方面，甲岗村将切实解决群众看病难、看病贵问题纳入重点工作。

一是实施村医务室标准化建设、开展儿童疫苗接种和新农合参保全覆盖工作，积极敦促农牧民进行健康体检，实现儿童疫苗接种率和农牧民健康体检率达到 100%，有力改善和提升了村内医疗设施条件和医疗保障水平。同时协调日土县人民医院，定期开展送医下乡和义诊巡诊活动，累计医疗服务 2092 人，捐赠药品价值 11255 元。

二是针对传染病、地方病、慢性病及严重精神障碍等不同病

图 2-4　甲岗村标准化卫生室

种实行分类管理和分类救治，确保患者均能够得到妥善治疗。其中，实现慢性病人签约服务 21 人（建档立卡 16 人），安排乡村医务人员每月进行随访，协调县卫生部门对病情加重人员进行药物治疗和手术治疗；筛查出大病 1 例（儿童先心病），组织人员送往内地救治。

三是开展爱国卫生运动和人居环境整治工作，积极开展讲文明、树新风、改陋习等活动，定期对农牧民群众家庭环境及村庄周边卫生进行集中整治，改善了群众的人居环境和生产环境。

4. 推进生态补偿扶贫，实现生态保护与脱贫攻坚双赢

贯彻"绿水青山就是金山银山"理念，坚持扶贫开发与生态保护相统一、生态建设修复和群众增收相结合。

一是进行生态岗位遴选工作：按照上级下达的指标，积极组织召开评选会议，对岗位对象的资格和条件进行审核，并将结果进行公示；对已列入生态岗位的人员进行年度资格复核，调出因自身条件变化或其他不符合政策要求的人员。2015 年以来，全村已累计设立生态岗位 336 个。

二是发挥岗位职责：要求相关工作岗位人员签订生态保护岗位责任书，明确岗位职责，做到定岗定责定人，通过建立完善岗位兑现和人员考勤等各类工作机制进行奖惩。

三是兑现生态补偿资金：通过建立"一卡通"资金发放制度，将资金第一时间兑现给群众并进行公示公告。

三、脱贫攻坚成效

（一）收入及其生活水平的变化

经过脱贫攻坚，甲岗村农民人均收入大幅提高，贫困人口规模持续减少。2015 年年底，甲岗村人均纯收入为 6560 元，2018 年年底增加到 10200 元，增加了 55.49%，年均增长 19%。全村 2016 年脱贫 10 户 35 人，2017 年脱贫 4 户 15 人，2018 年脱贫 15 户 58 人，完成整村脱贫任务。同时，甲岗村农牧民家庭里的家用电器从无到有、不断添置改善，如彩电、洗衣机、冰箱冰柜和可联网的智能手机等，2015 年的家庭普遍未拥有，到 2018 年多数家庭拥有。

（二）基础设施及人居环境的变化

经过脱贫攻坚，全村基础设施和公共服务得到飞跃提升，人居环境得到显著改善。

一是边境公路、村组交通道路等基础设施得到全面提升。2015 年时村内还未实现道路硬化，边境公路还是简易砂石路。经过投资建设，截至 2018 年年底，实现 3 个作业小组通组道路全部水泥化，边境公路质量也得到了全面改善。3 处农田灌溉工程、7 眼安全饮水机井、垃圾填埋场工程、给排水工程、农网升级改造、通讯工程、标准化卫生室、幼儿园等均已建成投用。

二是居住房屋得到全面提升。2015 年时多数农牧民还居住在老旧土坯房，2018 年年底全村 194 户群众均有了砖混（石砌）结构房，总面积达 12253 平方米，人均住房面积 30 平方米左右，生活条件和生活质量有了极大改善。

三是环境质量得到全面提升。2015 年时村内人居环境较差，绿化率低，还存在少数人畜混居现象。通过对村庄的公共绿地、村旁、路旁、水旁、宅旁进行绿化，将生活区和生产区分离，成立清运小组负责保洁和垃圾清运工作，有效整治了村庄环境卫生，改善了村容村貌。

（三）公共服务的变化

经过投资建设和巩固提升，现有的公共服务设施已比较完备，服务水平有了一定的保障。

村内现有 1 个标准化卫生室，配备 4 名村医，配置了现代诊疗设备、药品柜、输液设备、病床等医疗设施，实现了"小病不出村"的目标。

全村的适龄学前儿童均在村内自建的甲岗村双语幼儿园就读，入学率达 100%。

建成便民服务中心 1 座，内含活动室、图书室、会议室、历史陈列室以及党员服务台等。

建成 1 座文化中心广场，面积 443.58 平方米，可同时容纳 300 人，供群众进行文艺体育活动。

（四）村级治理能力的变化

在脱贫攻坚工作的统筹下，甲岗村的基层治理体系得到较大完善，依托边境村的定点建设，其治理能力得到显著加强。2019 年拥有党总支部 1 个，党小组 23 个，双联户党小组 19 个，实现了党组织在作业组、双联户、村集体经济组织的全覆盖。共有党员 111 人，村两委班子成员 6 人的文化程度均在小学以上。

在集体经济发展方面，甲岗村集体经济产业由原来的 3 个发展至现在的 5 个（农牧民施工队、扶贫洗车场、沙石料场、预制场、苗圃基地），村集体收入不断增加。2016 年村集体产业总收入 280 余万元，为贫困户分红 125400 元；2017 年村集体产业总收入 120 余万元，为贫困户分红 78000 元；2018 年村集体产业总收入 290 余万元，为贫困户分红 90000 元。

在村庄治理模式方面，甲岗村实施了"支部联党员，党员联群众，军民共建"的"双联共建"边境特色党建工作模式，并将"双带三培养"工作模式与引导党员发挥先锋模范作用结合起来。村党支部主动发挥职能，定期举办相关技能就业培训，党员"一对一、二对一"结对贫困户，将党员努力培养成为致富能手，将致富能手努力发展为党员。通过加强党建工作，甲岗村实现了"平安＋法治"的预期目标建设，村级治理能力得到巩固加强。近年来，全村未发生重大刑事案件，未发生重大火灾事故，未发生越级集访及上访事件，社会政治稳定，群众生活安全有序。在"双联共建"的过程中，农牧民的参与意识逐渐增强，参与程度也得到了提升。

随着村庄基础建设和环境的优化、村集体经济的壮大，位于边境线上的农牧民们的主人翁意识愈发加强，踊跃为建成边境小康村建言献策，在生态保护、环境卫生整治等村级公共服务事务中也变得更加积极主动。

（五）内生动力及乡风文明的变化

甲岗村把乡风文明建设与党建工作相结合，充分发挥党员模

图 2-5　甲岗村产业分红现场

范带头作用，坚持物质和意识并重，开展政策宣传、文艺下村、送教入户等工作，育典型，树榜样，激发全村群众的主人翁意识，群众脱贫致富信心和决心显著提升，做到了从"输血式"到"造血式"的转变。

一是通过产业覆盖和产业带动，来巩固脱贫致富成果，促进贫困户的就业，激发了贫困户的脱贫致富动力。

二是将深入推进"两学一做"学习教育常态化、制度化，开展新旧西藏对比群众教育活动，开展村支部党员、驻军党员主题党日和国防教育等联谊活动，广大农牧民深受精神洗礼，更加懂得感恩珍惜，增强了主人翁与建设者意识。

三是持续大力开展"四讲四爱"群众教育实践主题教育，依托村文化广场、农家书屋、宣传栏、远程教育等平台组织开展形式多样的文化活动和科学文化知识普及活动，组织"新风进农牧家""向封建迷信说不"宣讲。从农牧民群众日常生活习惯入手，进一步引导群众改水改厕、人畜分离，摒弃乱丢垃圾、随地吐痰等不良习惯，开展禁赌、禁毒等活动，村民更加崇尚科学文明健康的生活方式。一位受访群众这样说道，村中的懒汉少了、勤快的人更多了，大家都很感谢党和政府。

（六）贫困面貌的变化

经过艰苦努力，甲岗村的贫困面貌有了明显变化。2018年全村建档立卡贫困人口已全部脱贫，实现吃穿不愁，城乡居民基本医疗保险、大病医疗保险全覆盖，无义务教育阶段因贫失学辍学问题，住房安全得到有效保障。贫困发生率由13.82%降至0%，困扰甲岗村的农牧民的水、电、路、网等突出短板也得到了全面补齐。

目前，甲岗村干净整齐的藏式院落、纵横交错的水泥路、崭新的幼儿园和卫生室、便利的生活超市以及家家房顶上飘扬的五星红旗，展现出的样子正如入村大道牌匾上写的那样：边境建设第一村。

四、经验与启示

甲岗村作为与印度相邻，边境线长达80公里的边境村，有以下四个明显特征：

一是地处青藏高原，地区普遍高寒、缺氧，生产力低下，自然条件极为艰苦，并且远离中心城市，距离县城驻地80公里左右，距离拉萨市接近1500公里。如此恶劣的自然环境和偏远的地理位置，严重影响当地社会经济发展和现代观念传播。

二是位于边境线反分裂与反渗透的主战场，面临着繁重的蚕食与反蚕食斗争。甲岗村拥有历史上形成的边境贸易互市点一个，加之边境山口和对外通道众多，为少数信教民众外出参加非法集会和从事分裂活动提供了便利，致使当地各级政府和群众长期面临艰巨的反分裂斗争和维护稳定任务。

三是发展问题突出、贫困治理任务艰巨。由于甲岗村地理位置偏远，自然条件恶劣，虽然国家不断加强该地区的建设，但是由于自然环境等强力限制和各项投入成本高昂而效益低下的特点，决定了甲岗村经济社会发展严重滞后、贫困发生率高、贫困程度深和扶贫成本高等综合状况。

四是社会发展迟滞，传统社会色彩浓郁。在封闭艰苦的自然环境与落后的以传统游牧业为主的生产生活方式限制下，甲岗村的民族成分极其单一，基本上藏族和其他世居少数民族占比100%，传统社会色彩浓郁，藏传佛教为主的宗教信仰氛围浓厚，呈现出独特的乡村原生态民族色调。

脱贫攻坚战略实施以来，甲岗村的交通、电力和水利等基础设施明显改善，农牧民群众的生产生活水平得到了较大提升。甲岗村在有效解决贫困人口教育、医疗、交通、住房保障问题的同时，将党建工作和固边守边作为工作主要任务，积极动员各方面力量和资源，大力推进脱贫攻坚，形成以下几点脱贫攻坚工作经验。

（一）党建引领，为甲岗村发展奠定组织保障和政治基础

基层党组织是党的全部工作的基础，是党组织体系的重要基石，是基层谋发展重要的组织保障和政治基础。甲岗村大力开展

基层党组织核心能力提升工程，探索创新党建引领工作模式，加强党组织队伍建设，积极开展教育培训活动，以不断提升村干部履职能力，夯实基层党组织战斗堡垒，发挥党员的先锋模范作用。

甲岗村充分发挥党建引领作用，通过支部和党员引导群众增强"脱贫致富光荣"的思想认识，为各项工作开展奠定组织保障。具体来看，一是强化导向，加强队伍建设。甲岗村形成了以脱贫攻坚领导小组为主，乡领导班子对口包村、扶贫干部蹲点驻村、驻村工作队和第一书记定点联村为辅的完整工作体系。不断加强对扶贫干部、村书记、第一书记和村两委班子成员的教育培训，突出需求导向和实战化训练。

二是开展"找穷根、摘穷帽、改陋习、树新风"活动，对村规民约进行修改完善，对懒汉进行批评教育。

三是正确引领舆论导向，准确解读党和政府扶贫开发工作的决策部署。在各个节日和重大节点，组织和集中乡村两级宣讲力量，通过大会讲、小会讲、入户讲、重复讲等方式，开展广泛宣传工作，努力营造全村共同关注、支持和参与扶贫开发的良好氛围，形成一股坚决打赢脱贫攻坚战，全面建成小康社会的强大正能量。

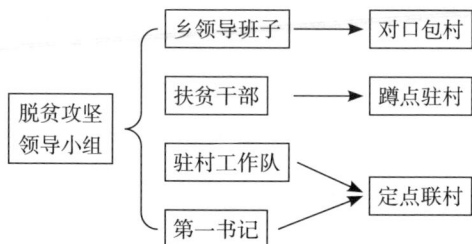

图 2-6　甲岗村党建工作体系

资料来源：甲岗村村委。

（二）固边守边，做神圣国土守卫者和幸福家园建设者

治国必治边、治边先稳藏，要实现中国西部边境地区的安全，藏区固边守边是保障[①]。甲岗村的安全稳定事关全西藏乃至全中国的和谐稳定，在脱贫攻坚过程中，借助村庄自身特点，村两委班子在党中央、自治区及地委领导下，构建起了符合实际情况的边境管控机制，依托其强劲的号召力，积极开展固边守边工作，鼓励边境农牧民争做神圣国土的守卫者和幸福家园的建设者。

一是建立并完善边民国家意识的培养机制。正如习近平总书记所说："做好民族工作，最关键的是搞好民族团结，最管用的是争取人心"[②]，各级党委和政府，需要"坚持共同团结奋斗、共同繁荣发展，把民族团结进步事业作为基础性事业抓紧抓好，促进各民族像石榴籽一样紧紧拥抱在一起，推动中华民族走向包容性更强、凝聚力更大的命运共同体"[③]。以此思想为根本遵循，甲岗村不断培养强化边民的国家意识和国防观念，并在重要山口、通道、执勤点和村内的醒目位置，统一制作以爱国固边、军民团结、维护稳定、反对分裂为主题的宣传标语牌，将国旗和领袖像悬挂在家家户户中。通过宣传国防知识、边境管理政策的方式，把国防教育融入到边民的日常生产生活中，使爱国守边和维护稳定逐渐成为边民的自觉行动。

二是加大边境巡查力度，发动甲岗村边民守边执勤。一方面，

---

① 王少明、普布次仁：《论习近平"治国必治边，治边先稳藏"战略思想的科学内涵与重大意义》，《西藏大学学报（社会科学版）》2017年第4期。

② 中共中央文献研究室：《习近平关于社会主义政治建设论述摘编》，中央文献出版社2017年版，第152页。

③ 国务院新闻办公室、中央文献研究室、中国外文局：《筑牢中华民族共同体意识》，载《习近平谈治国理政》（第三卷），外文出版社2020年版，第299页。

加强军警之间的协同巡查，加大对通外山口的执勤力度，有效防控外部势力的蚕食渗透；另一方面，发动和支持边民在边境线附近放牧和从事生产，将边民的生产生活与执勤巡查有机结合起来，边境界线在哪里，边民的生产生活就开展到那里。

三是建立并完善边民补贴制度。西藏自治区是全国第一个实施边民补贴制度的省份，实施"普惠性"与"工作制"相结合的边民补助政策。通过增加边民收入，改善边境地区群众生产生活条件，来激发边境地区农牧民参与边境管控的积极性和主动性。在 2018 年，甲岗村边民补助标准已经达到了 3200 元／人，覆盖全村 16 周岁以上的边民群众。

四是成立了边境管控指挥部。甲岗村坚持把边境管控工作列入重要议事日程。在上级的统一安排部署下，甲岗村结合边境管控工作实际，成立了以主要领导为指挥长的边境管控工作指挥部，负责定期分析研判边境管控形势，及时调整边境管控工作部署，指挥和协调边境管控部门开展工作，指导和督促边境防控专班开展边境管控工作。

（三）激活就业，助力脱贫攻坚扎实推进

甲岗村围绕农牧民具体劳务需求，对劳务产业助力脱贫攻坚进行了积极探索。针对本村农牧民群众务工找不到活、企业用工找不到人的现状，优化政策设计框架，充分发挥基层组织的力量，调动当地企业和农牧民两者的积极性，推动劳务输转由自主分散式向组织规模化转变、由以市域内为主向市域内外并重发展转变、由以青壮年劳力为主向更多覆盖留守农牧民特别是贫困劳动力转变。

在总结自身劳务产业发展实践经验和借鉴外地成功做法的基础上，探索完善了"政策支持驱动、基层组织推动、劳务公司牵动、龙头企业联动、农牧民群众行动"的创新劳务产业助推精准脱贫模式和发展机制，紧紧围绕"引导输出劳务脱贫一批"的脱贫攻坚工作要求，坚持把本村劳动力就地就近输转作为促进农民增收、助力脱贫攻坚、加快全面小康的重要举措，全力推动甲岗村的劳务产业发展。

五、小结与讨论

甲岗村按照国家和自治区的总体安排和部署，提升了边牧民的获得感和幸福感，让边牧民感党恩，在边境地区留得住、生活好、成边境，真正实现让山的这边比山那边好的初衷。同时，抓住边境小康村建设的新机遇，以团结带领农牧民致富增收奔小康为核心，助推边区域同步发展、实现了稳定与繁荣并举。甲岗村脱贫攻坚取得的成功告诉我们，只要加强基层党组织建设，充分发挥基层党组织的战斗堡垒作用，就能抓住发展机遇，就能使村庄贫困面貌得到根本改变。

突出政策导向和发展导向，切实改善农牧民生活水平为工作原则，是甲岗村迎来全新发展的一条重要经验。政策导向体现在国家实施"神圣国土守护者、幸福家园建设者"战略，甲岗村牢牢把握加快边疆发展、确保边疆稳定、边境安全这条主线，以边境地区繁荣稳定为宗旨，积极探索经济发展之路。发展导向在于甲岗村认真分析自己村庄所在地区的区位优势，扬长避短，依靠边境线大量的基础设施建设，获得了发展机会，提高了村集体经济收入。一方面，加强党组织引领，发挥基层党组织战斗堡垒的作用。为了提升基层党组织的战斗力，该村积极探索，形成了以脱贫攻坚领导小组为主，乡领导班子对口包村、扶贫干部蹲点驻村、驻村工作队和第一书记定点联村为辅的完整边境党建工作体系。另一方面，建立完善与项目有关的衔接机制，及时了解项目建设的进展，强化项目管理人员的教育培训，促进村级集体经济的发展。

当然，甲岗村脱贫攻坚任务的完成和边境小康村的建设不是完全靠一两个项目落地就能完成的，而是大项目带动与自主建设要相结合；是硬件、软件建设相结合，不断加强乡风文明建设，不断提高村民综合素质；是综合考虑集体经济发展与解决贫困户相结合，通过集体经济发展、项目建设和改善群众生活来实现的。目前，甲岗村正利用219国道沿线经济带和边境沿线经济带等有利条件，快速建成舒适、宜居，具有民俗特色的边境村，发展边境旅游业，力争打造成为"中国边境小康第一村"。

（本案例执笔人：蒋雨东　李靖　廖小舒）

案例点评

　　党的十八大以来，以习近平同志为核心的党中央提出"治国必治边、治边先稳藏"①的重要战略思想和"依法治藏、富民兴藏、长期建藏、凝聚人心、夯实基础"②的重要原则，在我国边境建设方面，党和国家注重屯兵和安民并举、固边和兴边并重，成效显著，对国家安全、边境稳定和边境繁荣发展产生了重要作用。甲岗村是西藏阿里边境地区反分裂、反渗透，防潜入潜出的前沿阵地，只有建设一个稳定的示范村才能更好地促进发展。近年来，阿里地区将边境小康村建设与脱贫攻坚相结合，紧抓"加快边疆发展，确保边疆巩固、边境安全"主线，坚持屯兵与安民并举、固边与兴边并重，突出"神圣国土守护者、幸福家园建设者"主题，扎实推进边境小康村项目建设，惠及包括甲岗村在内4个边境县15个边境乡镇37个边境村的边民5756户21205人。对于地处边境的居民来说，脱贫攻坚和边境小康村建设所带来的不仅仅是收入增加以及生活条件的改善，更重要的是，他们更加愿意在边境地区安居乐业，守护和建设这片祖祖辈辈留下的土地。

（点评人：李靖，西南科技大学经济管理学院讲师、博士）

① 《必须坚持治国必治边、治边先稳藏的战略思想》，2020年9月10日，人民网（http://xz.people.com.cn/n2/2020/0910/c138901-34283600.html）。
② 《必须坚持依法治藏、富民兴藏、长期建藏、凝聚人心、夯实基础的重要原则》，2020年9月27日，中国西藏新闻网（http://www.xzxw.com/xw/202009/t20200912_3240395.html）。

第三章

山村迁湖畔　旧貌换新颜

八宿县宗巴村脱贫经验总结

宗巴村，在藏语里是山顶上的村庄的意思。宗巴村隶属于西藏自治区昌都市八宿县然乌镇，该村辖2个自然村，2016年整村脱贫出列。2018年年底全村共有108户667人。2019年9月，西南科技大学课题组深入宗巴村，对该村进行了为期三天的访谈和问卷调查，走访宗巴村31户已脱贫户，收集相关数据资料，了解贫困人口生计状况，在此基础上形成本报告。

一、脱贫攻坚战基期村庄概况

（一）人口与资源：人少地多区位偏

　　宗巴村2015年总人口为108户646人，常住人口96户610人，民族以藏族为主，其中劳动力人数296人，外出务工人数极少。

　　2015年经过精准识别，宗巴村建档立卡贫困户为42户共233人，贫困发生率36.07%，其中低保人口26户53人。

　　宗巴村位于八宿县边缘区域然乌湖畔。距离然乌镇15公里，距离八宿县城105公里（需2小时车程），距昌都市区366公里（需

7 小时车程）。全村总面积 168 平方公里，平均海拔 4050 米，境内山湖相依，人口居住较为分散。全村耕地面积 1040 亩，有效灌溉面积 1040 亩，林地面积 10.7002 万亩，牧草面积 8.2356 万亩[①]。人均耕地面积 1.6 亩，人均牧草面积 127.4 亩，人均林地面积 165.6 亩，牧草和林地资源相对丰富。

（二）基础设施与公共服务：通路有电无宽带

在交通设施方面，2015 年宗巴村的两个自然村均通公路，一个自然村主干道路面经过硬化处理；

在电力方面，两个自然村均未接入国家电网，生产和生活用电由太阳能发电提供；

在通信基础设施方面，2 个自然村全部接通有线电视信号和电话，但没有接通宽带；

在饮水基础设施方面，2 个自然村农牧民的饮水全部经过集中净化处理；

在义务教育方面，没有小学，学生都去镇上上学，无辍学现象；

在村级卫生设施方面，全村没有卫生室，也未配备村医，以传统旱厕为主，卫生厕所没有实现全覆盖；

在村级公共服务方面，宗巴村相对较落后，没有文化活动室及全科医生；

在村集体经济方面，由于宗巴村处于然乌湿地生态保护区，产业发展受到环保因素限制，村内没有形成一定规模的产业，因

[①] 《八宿县然乌镇宗巴村"三措并举"助攻脱贫攻坚战》，2019 年 9 月 9 日，今日西藏昌都网（http://www.xzcd.com/_basuxian/xinwenpindao/2019/0909/85555.html）。

此 2015 年宗巴村没有集体经济。

（三）主要生计渠道：种养务工挖虫草

宗巴村村民的生计以种植业和养殖业为主，很少一部分村民外出务工。

在种植业上，粮食作物主要是青稞、油菜、小麦、豌豆等，受地理因素和气候条件影响，整村粮食产量较低，主要用于满足家庭正常生活需求，基本不进入市场销售，即农产品自给自足。

在养殖业上，村内以单家独户的小规模养殖为主，2015 年全村有 800 头牛（户均约 7 头），没有形成农牧民专业合作社。

宗巴村有很少一部分村民选择就近务工，同时兼顾家庭生活和农牧业生产，农闲务工并兼顾农牧业生产是这部分村民的生计方式。

此外，宗巴村虫草、贝母等野生药材资源较丰富，采集业为宗巴村村民另一重要经济收入来源，平均每户一年有 4500 元至8000 元的采集收入。

（四）收入构成与贫困情况：依靠财政转移，贫困发生率高

宗巴村自然资源相对丰富，传统的自给自足生计观念较强，加之距离县城较远，地域相对偏僻，农牧民缺乏外出务工需求信息，农户为了兼顾农牧业生产，选择在乡镇、县城等就近打零工，逐步形成了就近就业和农牧业生产相结合的"半工半耕（牧）"生计方式。该生计方式生产效率不高，创收乏力。

贫困人口的收入构成中，生产经营性净收入为人均 511 元，占比约 18%；工资性收入为人均 682 元，占比约 24%；财产性

收入为 0 元；转移性收入为人均 1648.99 元，占比约 58%。可见，宗巴村转移性收入占家庭收入的比例最大，超过总收入的一半，是最主要的收入来源。

宗巴村贫困发生率约为 36%。在致贫原因方面，"缺技术"有 32 户 179 人，占比 76.82%；"缺资金"有 4 户 22 人，占比 9.44%；"因学致贫"有 3 户 19 人，占比 8.16%；"因残致贫"有 3 户 13 人，占比 5.58%。可见，缺技术是导致宗巴村农牧民贫困的主要原因，也是当地的普遍现象。

在调研中了解到，缺技术主要是因为：一方面，农牧民受教育程度普遍较低，信息闭塞，自然条件恶劣，生产观念相对落后，难以接受新的生产技术；另一方面，宗巴村农牧民产业单一，没有其他更好的产业收入类型进行替代，一些耕地和牧草资源较少的农户，陷入收入低和缺乏发展技术的贫困境地，而农牧民产业单一，除距离城市比较远的制约外，也与八宿县第二产业发展滞后，只有少数小规模的食品加工、服装加工企业有关。

二、脱贫攻坚投入与建设

（一）资金投入与投向分布情况

2016 年至 2018 年，宗巴村累计获得各类扶贫资金共计 2405.2 万元，其中财政资金 2003.2 万元，占比 83.28%；信贷资金 386 万元，占比 16.04%；社会捐赠资金 16 万元（折算），占比 0.66%。可以看出，财政扶贫是宗巴村脱贫攻坚最大的资金来源，信贷资金和社会捐赠资金所占比例都很小（详见表 3-1）。因此，宗巴村脱贫攻坚具有显著的政府驱动特点，缺乏内生发展动力。

从资金投向上看，2016 年至 2018 年间，宗巴村投入农、林、牧产业发展共计 424.6 万元，其中大部分资金都用于林业发展，共计 402.5 万元，占比 94.79%，这与宗巴村大力发展生态旅游业，实施"退耕还林"的政策相契合。种植业投入 13.1 万元，占比 3.08%，畜牧业投入 9 万元，占比 2.11%。宗巴村位处特殊的然乌湖湿地生态保护区，其主要资金用于植树造林以保护环境，而种植业与畜牧业的投入非常少，一方面由于宗巴村本身农产品产业链很短，仍不具备现代农业的规模和特点，另一方面由于其地理位置在客观上限制了种植业与畜牧业的发展。

宗巴村易地扶贫搬迁及基础设施建设共计投入 1398 万元，主要用于易地搬迁住房修建和配套设施建设。易地搬迁扶贫是宗巴村最主要的脱贫手段，将之前居住在山顶牧区的村民搬迁至离然乌湿地生态保护区更近的区域，一方面使村民的生产、生活更加便捷，为其服务和产品进入市场提供条件，另一方面通过实施"退耕还林"政策，鼓励村民植树造林，为村民提供护林员等公益性岗位，增加其家庭收入。

在公共服务设施上，宗巴村共投入 180.6 万元，其中财政资金 164.6 万元，对口帮扶资金 16 万元，全部用于村阵地综合楼建设，并配套办公楼、村卫生所和临时住房。由于村内学生上学都集中在然乌镇和八宿县城，所以宗巴村在脱贫攻坚工作中并没有进行学校建设。在人力资源投资上，劳动力职业技能培训共投入 5 万元，主要培训水电工、酒店服务员以及汽修人员，累计培训各类贫困人口 80 人次。

在金融扶贫上，宗巴村 2016 年小额信贷扶贫 101 户，发放信贷资金 386 万元。

　　总体来看，在资金投入方面，宗巴村的重点在易地扶贫搬迁及基础设施建设上，占比达到 58.12%。

表 3-1　八宿县宗巴村资金投入一览表

单位：万元

资金分类		2016 年	2017 年	2018 年
财政资金	易地搬迁	792	0	606
	生态岗位	57	129.5	57
	生态效益	23.9	24	24
	退耕还林	9.1	10	12
	种粮补贴	4.3	4.4	4.4
	草原补贴	2.1	3	4
	强基惠民资金	15	15	0
	其他	957.2	238.7	760.1
信贷资金		386	0	0
社会捐赠		2	6	8

资料来源：宗巴村村委。

（二）脱贫攻坚的主要措施

脱贫攻坚战打响以来，宗巴村主要的脱贫措施有：

1. 结合地理特点发展生态环保

宗巴村地处然乌湿地保护区核心区，山湖相依，自然生态脆弱，导致当地无法集中发展规模化的第一、二产业[①]。脱贫攻坚

---

① 达瓦次仁、次仁：《西藏昌都地区生态建设与可持续发展探讨》，《中国藏学》2011 年第 4 期。

以来，宗巴村结合当地特殊的地理位置以及资源禀赋，探索出一条通过生态环境保护实现脱贫的有效路径。

一是实施"退耕还林"政策，通过发放退耕还林补贴鼓励贫困户参与植树造林。宗巴村为改善当地的地理环境，将贫困户植树造林数量与退耕还林补贴相挂钩，使村民从生态保护与修复中实现了收入增长，形成了生态保护与脱贫攻坚的"双赢"格局，改变了贫困地区生产、生活环境，践行了绿色发展理念。

二是安排生态岗位增加贫困户收入。宗巴村目前共安排生态岗位人员324人，其中建档立卡户110人，户均约2.6人。通过划分片区、签订合同、定岗定人定责定酬、发放岗位证和袖标等措施，建立系统的公益岗位体系，规定工作人员每月开展工作不少于5次，且半年进行一次考核，对考核合格者及时发放生态补偿岗位工资，每人每半年1750元。

三是依托自身的自然条件优势和林业发展基础，发展林下经济。宗巴村拥有丰富的野生资源，通过引导贫困户采集獐子菌、羊肚菌、扫把菌等林下资源，使村民充分利用了当地野生林下资

图 3-1　草原监督员在草场履职

源实现增收。

2. 易地扶贫搬迁拓宽增收渠道

宗巴村在藏语中的意思是"山顶上的村庄"，2016年之前，宗巴村居民大部分住在海拔超过4000米的山顶牧区，住房安全没有保障，放牧和种植青稞是主要生计来源。"一方水土不能养育一方人。"2016年开始实施脱贫攻坚之后，宗巴村将保障贫困群众住房安全作为打赢脱贫攻坚战的突破口，并结合当地位处然乌湿地生态保护区的区域优势，制定了因地制宜的易地搬迁政策，将35户易地搬迁贫困户分成两批，分别搬迁至不同地点，以对应不同的产业需求。

一是易地扶贫搬迁支持生态环保，实现生态、经济效益双赢。2016年3月，根据八宿县易地扶贫搬迁组的统一规划，宗巴村易地搬迁住房开工建设，总投资达到426.11万元。2017年12月，位于宗巴村村委会下然乌湖畔的易地搬迁点全部完工，并配套水电、网络等基础设施。2018年6月，20户共132名贫困群众入住易地搬迁居住点，开始积极参与然乌湖畔的"退耕还林"工程。易地扶贫搬迁的同时，宗巴村还对搬迁群众进行水电维修等相关技能培训，使其掌握一定的生存技能，并提高当地农林业的生产效率。

二是易地扶贫搬迁结合产业发展，拓宽贫困户收入渠道。宗巴村其余15户贫困户于2019年9月全部搬迁至八宿县城，八宿县引入安徽海螺水泥股份有限公司在县城城郊建厂，2019年10月水泥厂点火之后，预计提供120个货运岗位，主要针对易地搬迁贫困户。同时对应水泥厂的产业需求，计划建立运输车队，鼓励县城中的易地搬迁村民通过劳动力的方式入股，一方面为脱贫

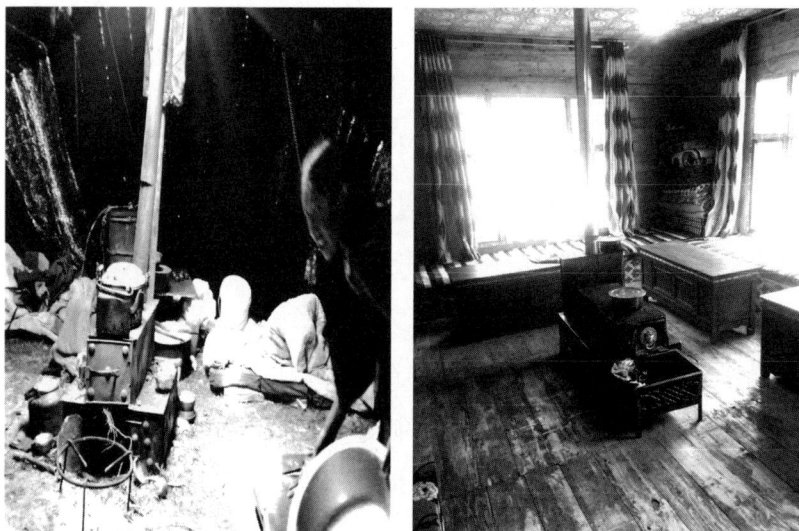

图 3-2　易地搬迁前后的室内设施对比

户提供增收途径，另一方面促进村集体经济的发展。

3. 加强思想建设激发内生动力

2016 年实施脱贫攻坚之前，宗巴村村民整体思想较落后，经营理念淡薄，打工创收意识薄弱，依旧延续藏族群众传统的自给自足生计方式。为实现长效脱贫，巩固脱贫成果，宗巴村采取了相应的措施加强村民的思想建设与观念教育。

一是营造思想建设的氛围，使新观念新思想深入人心。2016 年起，然乌镇和宗巴村的包片领导便组织村两委干部和驻村工作队通过张贴标语、发放宣传单、召集会议、走村入户及开放微信平台等方式，加强对村民的思想建设。全村开展各种形式的宣讲 74 场，受教育群众达 2300 余人次。在很大程度上消除了群众"等、靠、要"的思想、激发了群众内生动力、转变了藏族群众的传统观念，重视教育、外出务工等新观念逐渐形成，为增收拓宽渠道。

二是注重素质教育和模范的带头作用，提高思想建设效率。宗巴村通过提供教育补贴和技能培训，重点对村民进行素质教育及务工经营方面的思想建设，使思想建设的成果显著可见。2016年以来，通过每人每年 1.5 万元的大学生教育补贴，宗巴村共培养大学生 39 名，其中，在校大学生 21 名，已实现就业大学生 18 名。我们走访的 31 户脱贫户中，26 户明确表达非常支持家中子女读书，5 户比较支持子女读书，支持教育的思想已经深入人心。村党委书记旦增秉承"先富带动后富"的理念，鼓励农户累计购买运输车辆 14 辆，组建运输队，通过积极参与周边项目建设，同时带领全村 105 名建档立卡户外出务工增收，成效显著。我们调查的 31 户脱贫户中，24 户有外出打工人员，共 32 人。31 户农户全部具有较强增收愿望，其中 15 户有未来创业打算，4 户目前正在创业。通过收入增加，宗巴村村民经营务工理念已经初步形成。

图 3-3　脱贫群众在建筑工地跑运输

三、脱贫攻坚成效

（一）"挪穷窝"深入民心，村庄综合面貌大幅改善

宗巴村通过实施易地扶贫搬迁政策，将山顶上的贫困户迁至生存环境更加舒适的区域。村内集中安置点位于然乌湖畔，相比之前的房屋海拔更低，离水源更近，交通更便利。村外集中安置点位于县城城郊，紧邻新建的水泥厂，有更多的务工就业机会。同时加强相关基础设施的建设，使村庄综合面貌大幅改善。

建档立卡户加西、贡珍、布穷、尼玛次仁四户是易地搬迁群众中的典型代表，他们中有的搬迁前居住在破旧的土木房，每逢雨季更是"外面下大雨，屋内下小雨"，有的家中没有耕地也没有牲畜，难以维持基本的生存与生活。搬迁后，四户群众在政府的帮助和自身的努力下，利用相对便利的交通条件，开始外出务工，每年家庭收入增加上万元，生活面貌大为改善，生活水平明显提高。

脱贫攻坚之前，宗巴村整体基础设施落后，两个自然村都没有通生产和生活用电，仅靠自然日照，严重影响到了村民的生产生活。易地扶贫搬迁之后，国家电网在两个自然村接通了生产生活用电，改善了村民的生活条件。同时，宗巴村在村内设立了文化活动室和卫生站，为村民的娱乐健康提供保障。目前宗巴村设立了统一的垃圾处理点，同时培养村民到点丢置垃圾的习惯，村庄环境面貌大幅改善。

通过思想建设与教育支持，宗巴村村民将更多精力投入到外出务工和子女教育上，求神拜佛的现象不如以往严重，村内打架、

斗殴、随地吐痰等现象基本消失。宗巴村没有婚丧大操大办的习俗，村内也没有设立红白理事会。青稞收成时节，村民会自发地组织互助收割，主人在家中备好酥油茶和食物，接待帮助的村民，体现出团结互助，温暖和煦的精神面貌。

图 3-4　易地搬迁后的宗巴村全景图

图 3-5　易地搬迁后的宗巴村居民区

（二）贫困户收入显著增加，收入结构更加合理

经过三年多的脱贫攻坚战，宗巴村农牧民人均收入大幅提高，有效地巩固了脱贫的成果。2015年年底，宗巴村建档立卡贫困人口人均纯收入为2841.99元，2016年整村实现脱贫出列。2018年年底，宗巴村人均收入增加到6850.69元，增加了141.05%，年均增长47.01%（详见表3-2）。

表3-2　2015年、2018年八宿县宗巴村各项收入对比表

收入类型	2015年		2018年	
	金额（元）	占比（%）	金额（元）	占比（%）
生产经营性收入	511	18	988	14.42
工资性收入	682	24	3062.69	44.71
财产性收入	0	0	0	0
转移性收入	1648.99	58	2800	40.87

数据来源：宗巴村村委。

从贫困户收入结构变化来看，2015年年底宗巴村贫困农户生产经营性净收入511元，占比18%，工资性收入682元，占比24%，转移性收入1648.99元，占比58%，可见，转移性收入是贫困农户最主要的收入来源。2018年生产经营性净收入增加至988元，占比14.42%，工资性收入增加至3062.69元，占比44.71%，转移性收入增加至2800元，占比40.87%。相对于2015年，生产经营性收入占比下降了3.58个百分点，而工资性收入占比则大幅提高，提高了20.71个百分点，转移性收入相应地下降了17.13个百分点。可以看出，经过脱贫攻坚，虽然整体收入构成中政府转移性收入仍占较大比例，但占比大幅下降。宗巴村贫

困群众已经具有了一定的内生发展动力，不再局限于传统的生计模式与政府补助，而是开始寻求自身的增收途径，其创收能力逐步增强。

从收入数量上来看，2018年生产经营性净收入比2015年增加了477元，增长了93.3%；工资性收入增加2380.69元，增长了349%；转移性收入增加1151.01元，增长了69.8%。可以看出，3种收入类型都出现了一定增长，这使得宗巴村贫困户总收入得到大幅增长，其中工资性收入增加得最显著，其次是生产经营性净收入，转移性收入相对增长较少，在一定程度上体现了宗巴村贫困户收入增长的质量在提高，可持续性在增强。

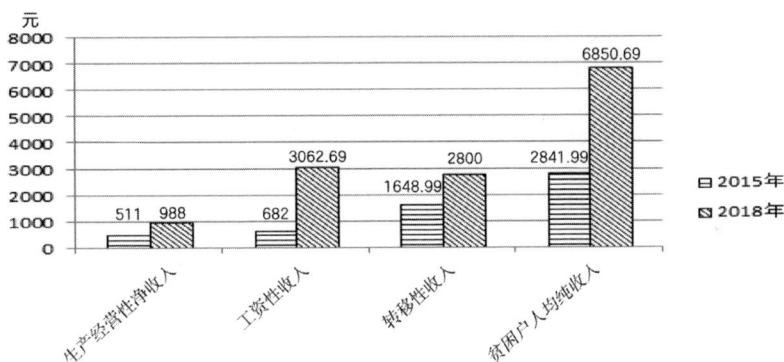

图 3-6　宗巴村 2015 年和 2018 年贫困人口收入对比图

资料来源：宗巴村村委。

总体来看，经过脱贫攻坚行动，宗巴村贫困人口收入显著增加，而生产经营性净收入占比和转移性收入占比有所下降，工资性收入的占比大幅增加，提高了增收的质量，保障了增收的稳定性。

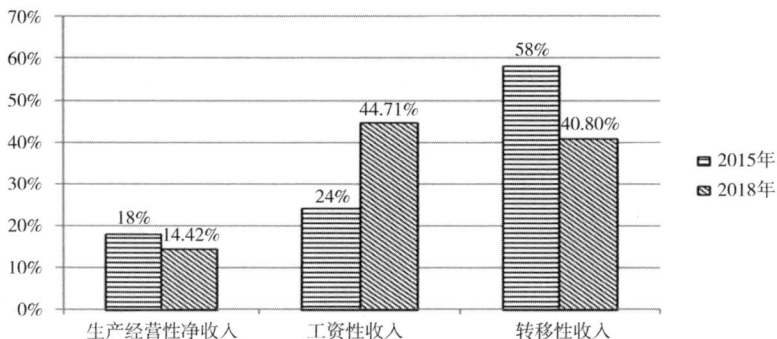

图 3-7 宗巴村 2015 年和 2018 年贫困人口收入结构对比

资料来源：宗巴村村委。

（三）村庄道路全面硬化，网络信号接通入户

经过三年多的脱贫攻坚，宗巴村整体基础设施水平得到大幅提升。

首先，村内交通道路全面改善。2015 年年底，宗巴村只有 1 个自然村实现村组道路硬化，经过村组道路基础设施建设，2018 年年底 2 个自然村组已完全实现道路水泥硬化，相比于之前的小土路，宗巴村道路交通条件得到全面改善。

其次，通讯服务基础设施实现质的飞跃。2015 年年底，宗巴村两个自然村都没有接通宽带和有线电视信号，2017 年雅卡自然村实现了全自然村宽带覆盖，2018 年两个自然村均实现了有线电视信号全覆盖。

调查的 31 户脱贫户中，平均每户拥有智能手机 3 部以上，较少农户使用非智能手机（户均 0.5 部非智能手机），摩托车户均 1.1 辆、皮卡车户均 0.5 辆、面包车户均 0.4 辆，生活质量和生产效率大幅提高。

（四）生态环境明显改善、生活质量大幅提高

宗巴村毗邻然乌湿地核心保护区，居民居住地千米以外即是湖区与湿地，复杂的生态环境导致当地降雨量较大、风力较强。2015 年之前宗巴村然乌湖湿地旁没有一棵树木，风沙导致整个村子路面以及室内环境较差。2015 年开始实施"退耕还林"，鼓励村民在然乌湖湿地边植树造林，至 2018 年共退耕还林 830 亩，植树 5.91 万棵，然乌湿地与居民居住地之间形成了一道人造的绿色屏障，在很大程度上防止了风沙进入村民居住区，村子里的路面和居民的室内环境都得到了较大的改善。树林的增加一方面加强了土地的蓄水功能，另一方面抵御了强风对居民生活、生产的影响。

良好的生态环境和生活环境在一定程度上改变了宗巴村藏族群众的生活习惯，至 2018 年，宗巴村已经实现全村居民自来水全覆盖，村中厕所数量也有所增加，在保留藏族生活习惯的同时，居住环境有明显改善。调查的 31 户脱贫户，家家户户都有电视机和洗衣机，20 户有电冰箱或冰柜等家用电器，还有 16 户家有面包车或家用轿车，实现了从无到有，从少变多的转变。可以看出，宗巴村脱贫群众的生活质量明显提高。

四、脱贫攻坚典型经验

（一）政府强力推动与贫困户自觉发展相结合，增强贫困人口的内生动力

政府在整个脱贫攻坚战略中主要起到引导性的外力作用，通

过政府引导激发贫困户自发自觉的内生动力才能使脱贫成果更加坚固[①]。因此，在脱贫攻坚中，应将政府强力推动与村民自觉发展相结合，准确定位政府与贫困户的角色，充分发挥外部推动与内生动力的作用，实现"政府引导"促进"群众自发"的发展动力机制。

脱贫攻坚前，宗巴村几乎完全依靠政府的强力推动和资金支持。2015年，贫困户的收入58%为转移性收入，反映出贫困户的自身发展能力和内生动力严重不足。很显然，主要依靠财政资金、政府大包大揽来增加收入，不仅脱贫质量低，而且是不可持续的。脱贫攻坚以后，宗巴村通过思想建设，转变了贫困户的传统观念，增强了内生动力；经过职业技能培训，提高了受训群众的专业技能和综合素质，增强了贫困户的自身发展能力。到2018年，脱贫户的收入构成中，转移性收入占比大幅下降，工资性收入的占比大幅上升，依靠自己努力劳动（生产经营和外出务工）获取的收入，成为收入的主体部分（占比近60%）。从发展趋势来看，随着脱贫户自身发展能力的提高、交通和通讯条件的改善、然乌湖保护区规划的落实，就近或外出务工的人员会逐渐增多，工资性收入和经营（旅游）性收入的占比将会进一步增大。

宗巴村在脱贫攻坚战中积极地激发了村民自身的主观能动性，较充分地利用了然乌湖保护区周边的自然资源，将尊重事物发展的规律与发挥人的主观能动性统一起来，实现了当地的产业发展和经济创收。

---

① 傅安国、张再生等：《脱贫内生动力机制的质性探究》，《心理学报》2020年第1期。

（二）易地扶贫搬迁与生态旅游相结合，为后续产业发展奠定基础

易地扶贫搬迁作为改善村民生产生活条件、调整村内经济结构的重要途径，需要根据不同村庄的特质性，对应相应的产业发展，采取因地制宜的搬迁政策[①]。只有抓住搬迁过程中的重点问题，解决重点矛盾，才能取得良好的搬迁效果和长期持续的扶贫成效。

宗巴村由于背靠然乌湿地生态保护区，特殊的地理位置导致村中无法进行规模化产业发展，在此条件下，县、镇政府以及村支两委积极探索，初步形成了易地扶贫搬迁和生态旅游相结合的扶贫机制。

传统产业中产业发展和生态保护具有一定程度的矛盾性。实施精准扶贫政策之前宗巴村位于然乌湖湿地生态保护区内，没有利用当地的生态旅游资源，而是保持传统放牧以及青稞种植等自给自足的生计模式。主要原因有两个方面：一方面由于村民居住地位于牧区，离生态旅游地区较远；另一方面由于村民思想过于保守，缺乏经营意识。

通过易地扶贫搬迁，村民搬至然乌生态保护区更近的区域内，每家每户在保持搬迁居住房藏族特色的同时，增加房屋内的店铺结构，使得村民可以利用自有住房改造小商铺，向来往游客出售当地特色食物与产品，还可以为来往游客提供独具藏族特色的民宿。这让当地村民能够更快地融入生态旅游环境，更好地利用生

---

① 武汉大学国发院脱贫攻坚研究课题组：《以产业发展保障贫困人口稳定脱贫的战略思考》，《中国人口科学》2019 年第 6 期。

态旅游资源，较大地缓解了生态保护和产业发展之间的矛盾，避免了传统产业对生态环境的破坏。

宗巴村通过发展旅游产业为当地村民自身的服务和产品流入市场提供一条较好的途径，在一定范围内打破了地域偏远的限制，增加了村民的收入，加强了村民的经营理念。同时，宗巴村将之前位于山上牧区的 20 户居民集体搬迁至然乌湿地生态保护区旁，通过"退耕还林"补助鼓励村民植树造林，对每一户都提供护林员等公益性岗位，增加了村民的收入，提高了村民生态保护的意识。

宗巴村在易地扶贫搬迁过程中并没有生硬地执行搬迁政策，而是较全面地考虑了村内的现实问题和未来发展，较清晰地区分了易地扶贫搬迁过程中的主要矛盾与次要矛盾，即"产业发展"为主要矛盾，"搬迁地点"为次要矛盾，因此在整体搬迁之前就已经规划好了搬迁安置点未来的产业发展，并进行相应的产业引进与指导[①]。同时，运用矛盾的同一性和斗争性原理，将致贫的矛盾变为脱贫的动力，将原本不利的自然环境有效地转化为未来经济发展的重点产业，推动了当地经济的健康发展。

（三）致富带动与观念转变相结合，勤劳致富的思想意识逐步形成

村干部是奋斗在脱贫攻坚一线的成员，对村内的困难形势更加了解，他们通常是村内技术能力较强、思想意识较先进、具有一定威望的人员。在脱贫攻坚过程中，应充分发挥以村干部为主

---

① 郭俊华、张含之：《新时代我国易地搬迁精准扶贫要处理好的十大关系》，《福建论坛（人文社会科学版）》2019 年第 8 期。

的致富带头人的作用，为贫困户树立榜样。但是，仅仅依靠村内能人的带动还不能保证村民增收的可持续性，还需要转变村民观念，形成勤劳致富的思想意识，增强其内生发展动力，从思想上焕发新的活力。

2015年之前，由于宗巴村交通不便、信息堵塞，村民收入较低，导致村内群众观念落后、游手好闲人员较多，求神拜佛现象较严重。宗巴村党支部书记旦增利用自身的技术能力，带领建档立卡群众外出务工，鼓励农户累计购买运输车辆14辆，初步形成运输队，带动了28户群众实现户均增收5万元，同时带领全村105名建档立卡户外出务工增收，人均年收入增加约2万元。建档立卡贫困户旺堆通过与富裕户西绕合伙购买运输车辆，实现年收入约15万元，通过自己的勤劳实现脱贫。通过利用致富带头人的技能优势，树立其榜样作用，改变了宗巴村之前简单农牧业生产的单一生计模式，同时由于外出打工机会与收入的增加，村民将大部分的精力集中于就业创收中，思想意识得到改善，"等、靠、要"的观念发生转变。此次调查的31户脱贫群众普遍认为宗巴村目前基本没有游手好闲、打架斗殴等不良现象，求神拜佛的也更加理性，通常一年去两次寺庙进行礼拜。

宗巴村将致富带动与观念转变相结合，形成了一个相互促进的良性循环，收入增加夯实了物质基础，导致观念进步，逐步形成了勤劳致富的思想意识，观念进步使得思想意识反作用于物质基础，进一步推动收入增加。

（四）技能培训与素质教育相结合，提高了贫困人口的可持续发展能力

掌握技能是人们生存立身之本，但由于地理位置及历史原因，大部分贫困地区群众都只具备务农技能，无法很好地适应目前的社会环境。因此，对贫困群众进行技能培训，使其掌握一门技能，关系到脱贫攻坚的可持续性。同时，技能培训的效果受制于村民的教育程度，在务工村民较难接受教育的情况下，对村民子女的素质教育尤为重要。通过推进学生的素质教育，使其将进步思想反馈回父母，进一步提升技能培训的效率，实现技能培训与素质教育的有机结合[①]。

至 2018 年年底，宗巴村累计对贫困户技能培训 80 人次，平均每户培训 1.5 人，平均培训时间在 15 天以上，培训费用全部由村委负担，主要进行水电工、汽修工培训，使村民掌握技能的同时普及了科技、文化知识。通过技能培训，宗巴村外出打工人数大幅增加。外出务工实实在在地增加收入，让村民深刻认识到知识、技能可以改变命运，支持家中子女教育的想法更加强烈。

宗巴村对村内中小学生实施"三包"政策，大学生每年发放15000 元补助，鼓励学生九年义务教育之后继续进行素质教育，通过提高素质教育补贴解决了村民子女读书的后顾之忧。2016 年以来，宗巴村共培养大学生 39 名。技能培训使村民视野更加开阔，对素质教育的认知得到提高。由于位置偏远，人口密度小，目前宗巴村内并没有中小学校，大部分村民选择让子女到镇上和县上读书，家长在子女读书地点打工，利用学习到的技能寻找增收机

---

① 杨小敏：《精准扶贫：职业教育改革新思考》，《教育研究》2019 年第 3 期。

会，村内学生在村外接受素质教育之后，将村外的新观念新思想反哺回村内，进一步提高村民接受技能培训的渴望。

宗巴村通过对村民进行技能培训，提高了村民的实践能力，增加了村民的实践机会，村民经过外出打工等实践行为逐步形成了关于经济发展及个人创收的感性认识。同时，结合全村范围内的素质教育，使村民的感性认识逐步向理性认识过渡，提高村民的实践效果，力求培养村民一切从实际出发、坚持实事求是、解放思想的脱贫态度，增强脱贫的可持续发展能力。

五、小结和讨论

（一）小结

宗巴村受地理和气候等因素的影响，产业发展较为单一，又因地处然乌湖湿地保护区核心区，虽有较大面积的耕地、林地和牧草地，但自然生态脆弱，导致当地无法集中发展规模化的第一、第二产业。加之当地距离县城较远、信息闭塞；农户受教育程度低，思想较落后，经营理念淡薄，打工创收意识薄弱，依旧延续藏族群众传统的自给自足生计方式，导致当地农户生产效率不高、创收乏力。

脱贫攻坚以来，宗巴村根据致贫的原因，选择脱贫攻坚的重点，精准施策，大力开发生态旅游资源，将原本限制经济发展的因素，转变成经济发展的最大动力；通过思想建设，转变了贫困户的传统观念，增强了内生动力；经过职业技能培训，提高了受训群众的专业技能和综合素质，增强了贫困户的自身发展能力；

结合当地特殊的地理位置以及资源禀赋，通过退耕还林、生态补偿岗位履职等方式拓宽了贫困户增收渠道，使村民从生态保护与修复中实现了收入增长，改变了贫困地区生产、生活环境，践行了绿色发展理念。同时，结合当地位处然乌湿地生态保护区的区域优势，制定了因地制宜的易地搬迁政策，将35户易地搬迁贫困户分成两批，从海拔超过4000米的山顶分别搬迁至不同地点，以对应不同的产业需求，增加农户的工资性收入和经营性收入，使得收入结构更加合理，脱贫质量逐步提高，可持续发展能力进一步增强。

昔日的贫困户，不仅住房、生活设施焕然一新，而且面容面貌、思想意识也发生了巨大变化，以前为生活所困的忧愁转化为了幸福的笑容。

（二）讨论

虽然宗巴村在脱贫攻坚中取得了显著的成就，但仍然存在一些问题，亟须解决。比如，宗巴村一直没有村集体经济，产业发展相对分散。村集体经济的缺失又进一步阻碍了生态旅游产业的发展，致使目前宗巴村生态旅游业仍然以小户经营为主，无法进行统一规划设计，发展目标不明确，缺乏一定的凝聚力；又比如，宗巴村生态旅游业服务产品种类单一，没有形成相对成熟的产业链，导致宗巴村整体旅游业收入较低，收入的可持续性较差；同时，国家的生态保护政策在一定程度上限制了宗巴村的产业发展，可持续增收仍然需要继续探索。

（本案例执笔人：李富田　郑鹏昆　刘婷婷）

案例点评

  易地扶贫搬迁是中央明确的"五个一批"精准扶贫精准脱贫路径之一，采用"搬迁是手段、安置是基础、脱贫是底线、发展是初心"的工作主线，是一条具有中国特色的搬迁脱贫之路。到2020年年底，宗巴村脱贫人口的收入进一步增加，通过鼓励外出务工、安排生态岗位、县级产业分红等措施，全村建档立卡贫困人口人均可支配收入达到8417.83元，群众满意度和幸福指数显著提高；进一步落实健康扶贫，新农合参保率达到100%，按照标准建设和完善村卫生室，配备了2名村医；结合以"神圣国土守护者、幸福家园建设者"为主题的乡村振兴战略，实施"十项提升"工程，宗巴村的2个自然村饮水安全工程、道路水泥硬化、有线电视信号、宽带、电力实现了全覆盖；通过创办脱贫攻坚"农民夜校"等措施，加强思想、文化、道德、法律、感恩教育，弘扬自尊、自爱、自强精神，激发贫困人口的内生动力，淡化宗教的消极影响，教育引导贫困群众理性对待宗教，减少宗教消费，过好今生幸福生活。对于宗巴村来说，易地扶贫搬迁让这里的绝大多数的贫困人口脱了贫困帽子，今后全力做好巩固拓展脱贫攻坚成果同乡村振兴的有效衔接，定能成为人类减贫和发展历史上的一个经典案例。

（点评人：李富田，西南科技大学经济管理学院教授）

第四章

脱贫与稳定并举
建和谐安康新村

索县若达村脱贫经验总结

若达村是那曲市索县若达乡下辖的行政村，位于藏北高原和藏东高山峡谷的结合部，属南羌塘大湖盆区，平均海拔 4070 米，地势西北高、东南低，由西到东逐渐倾斜，属高原亚寒带季风半干旱气候区，山顶终年积雪，山腰森林茂密，山脚四季常青，景观多样，季相分明，环境优美，素有"藏北小江南"之称。距离索县县城 50 公里，距若达乡政府 3 公里。该村于 2015 年被认定为国定贫困村，2018 年脱贫摘帽。

　　西南科技大学调研组于 2019 年 9 月 6—9 日深入若达村开展实地调研，采取座谈访谈、入户调查、资料查阅和实地考察等方式，对若达村脱贫攻坚成效及典型经验进行调查。在收集定量与定性材料的基础上撰写此报告。

一、建档立卡基期村庄概况

（一）生产观念落后，贫困发生率高

1. 人口情况

若达村下辖若达卡、莫荣卡、吉唐、嘉熙、泥塘、东党、若达普、巴龙、岗伯、索隆等 15 个自然村，人口均为藏族，语言为藏语，是典型的藏族聚居村落。2015 年全村共有 77 户 518 人，常住人口 72 户 510 人，其中，劳动力人数为 170 人，占总人数的 32.82%。建档立卡贫困人口 35 户 166 人，贫困发生率为 32.05%；低保人口 26 户 68 人，占总人数的 13.13%。

2. 资源情况

若达村总面积约为 120 平方公里，属高原亚寒带季风半干旱气候区，有少数较开阔的高山草原，其余地方均为高山峡谷，雨雪较多，日温差较大，冬春多大风；年日照时间为 2620 小时，年最高气温 25.7℃，最低气温 -20.6℃；雨量较为充沛，年降水量为 658.78mm，降水主要集中在 6—10 月，占全年降水量的 80%，年相对湿度约为 50%。

若达村水资源相对丰富，境内河流交错，以索曲河为主从境内流过，还拥有若达河、崩曲河、布曲河等多条支流；植被良好，草地、山林覆盖率为 98%，大部分为高山草甸，同时还生长有各种名贵中药材，如虫草、贝母、野生枸杞等；境内栖息繁殖雪豹、棕熊、藏马鸡、西藏马鹿、獐、猞猁、藏雪鸡、狼等国家一、二级重点保护动物 10 余种。

若达村有耕地面积 388 亩，林地面积 40959 亩，牧草地面积 126895 亩，人均林地面积和牧草面积分别为 80.31 亩、248.81 亩，若达村林地和牧草资源相对丰富，但人均耕地面积极少，仅为 0.76 亩。村民主要依托丰富的牧草优势发展畜牧养殖。由于交通条件差，生产观念及生产技术落后，优势的牧草资源没有得到有效利用，导致地方经济发展水平不高。

（二）基础设施薄弱，公共服务落后

若达村地属高原高山峡谷地带，四面环山，山多峻拔、地势险要，山高谷深，河床窄、坡降大、水流急，区位条件不佳，基础设施较薄弱。

在交通道路方面，建设较为滞后。村级主干道路以砂石路面为主，自然村中多数通摩托车道路，少数有能通大车的砂石路；若达村及所属若达乡均未通客运班车。

在电力设施方面，部分村民通过家用太阳能发电装置，实现了家中日常生活用电。

在通信设施方面，电话信号覆盖差，手机的普及率不高，所有自然村均未通有线电视信号。

在饮水设施方面，村民以喝冰山雪水为主，未经过处理和检测。

在家庭卫生条件方面，全村农户厕所均为传统旱厕，条件比较差。

在义务教育方面，因距若达乡比较近，义务教育阶段儿童均在乡幼儿园及乡中心校就读，无辍学人员。

在村级公共服务方面，村卫生室条件落后、无文化活动室和活动广场。

图 4-1　脱贫攻坚前若达村居民住房

（三）生计来源单一，致贫原因复杂

1. 收入情况

若达村是一个半农半牧村，由于交通、信息闭塞，2015 年以前村民的收入主要是靠采挖虫草、放牧养殖，生计来源单一，内生发展动力也不足；由于人均耕地面积少，种植的小麦和青稞，复种的元根、土豆等作物，主要是用于满足农户自身的家庭消费，基本不会形成收入；放牧养殖主要以散户经营为主，观念及技术落后，收益较低。以 2015 年贫困人口的收入为例，生产经营性净收入为 1104 元，占比 40.00%，工资性收入为 552 元，占比 20.00%，转移性收入为 828 元，占比 30.00%，财产性收入为 276 元，占比 10.00%。可以看出，生产经营性收入（养殖、虫草采挖）占农牧民家庭收入的比例最大，是最主要的收入来源，其次依次为转移性收入、工资性收入和财产性收入。

2. 贫困状况

若达村是国定贫困村，2015 年经过精准识别认定建档立卡贫困人口 35 户 166 人，贫困发生率 32.05%，致贫原因主要有三类：缺技术、缺劳动力和自身发展动力不足。经统计，因"缺技术"贫困的有 19 户 102 人，占比 61.45%；因"缺劳动力"贫困的有 8 户 39 人，占比 23.49%；因"自身发展动力不足"贫困的有 8 户 25 人，占比 15.06%；无"因病致贫"和"因学致贫"情况。

图 4-2　若达村旧貌

二、脱贫攻坚投入与建设

（一）脱贫攻坚投入情况

2016—2018 年，若达村累计获得各类扶贫资金 1177.10 万元（详见表 4-1），其中财政资金 1004.80 万元，信贷资金 155.00 万元，社会捐赠资金 17.30 万元，分别占总金额的 85.36%、13.17%、1.47%。由此可见，财政扶贫资金是若达村脱贫攻坚最大的资金来源，信贷资金和社会捐助资金所占比例较小，若达村脱贫攻坚以来的发展很大程度上依赖政府财政资金的投入。

表 4-1　若达村 2016—2018 扶贫资金投入情况

指标	单位	金额
累计使用财政资金	万元	1004.80
累计使用信贷资金	万元	155.00
累计接受社会捐赠资金	万元	17.30
合计	万元	1177.10

资料来源：若达村村委。

从扶贫资金的具体投向看（详见表 4-2），若达村累计使用财政资金达 1004.80 万元，其中 2016 年投入 66.42 万元，2017 年投入 541.05 万元，2018 年投入 397.33 万元。

投入产业扶贫共计 299.00 万元，占比 29.76%，主要用于帮扶贫困户发展牦牛养殖产业（贫困户每人分得 3 头牦牛，每头牦牛价值为 2000.00 元到 6000.00 元不等）。

健康扶贫累计使用资金达 19.00 万，占比 1.89%，全村 76 户 510 人全部参加新型农村合作医疗保险，其中贫困户均享受大病保险以及住院治疗优惠政策。

教育扶贫累计使用资金为 1.70 万元，占比 0.17%。

易地搬迁累计使用资金 468.00 万元，占比 46.58%，主要用于住房无保障的易地扶贫搬迁房建设，总计 14 户 78 人（包含县城集中 1 户 4 人），每人补助 6.00 万元。

危房改造累计使用资金 8.29 万元，占比 0.83%，涉及贫困人口 4 户 18 人。

安全饮用水累计使用资金 10.77 万元，占比 1.07%，实现村上农牧民们的安全饮用水全覆盖。

社会保障累计使用资金 50.60 万元，占比 5.04%，主要针对无劳动力的贫困人口进行定向补助，累计定向补助人数达 262 人次。

生态岗位累计使用资金 147.44 万元，占比 14.67%，主要针对贫困人口发放生态公益岗位补助，2016 年至 2018 年累计补助 430 人次，2016 年和 2017 年每人每年发放 3000 元，2018 年每人每年发放 3500 元。

此外，村里还安排 6 名生态环卫管护员（贫困人口），每人每年工资 9500 元。

表 4-2　若达村 2016—2018 年累计使用财政资金情况

资金使用类型	单位	2016 年	2017 年	2018 年	合计
产业发展	万元	—	—	299	299.00
健康扶贫	万元	3.95	6.15	8.9	19.00
教育扶贫	万元	0.4	0.5	0.8	1.70
社会保障	万元	22.13	19.9	8.57	50.60
生态岗位	万元	39.94	46.5	61	147.44
易地搬迁	万元	—	468	—	468.00
危房改造	万元	—	—	8.29	8.29
安全饮水	万元	—	—	10.77	10.77
小计	万元	66.42	541.05	397.33	1004.80

资料来源：若达村村委。

若达村累计使用信贷资金 155.00 万元，主要投于 31 户贫困户，每 1 户贫困户均贷款 5.00 万元。贫困户享受信贷资金率达 91.18%，贫困户的信贷资金均投入那群市索县若达乡综合建筑专业合作社。

总体来看，若达村把特色产业发展和易地搬迁作为脱贫攻坚的重要资金投向，目的是改善农牧民的居住条件，稳定其收入来源。

（二）脱贫攻坚主要措施

脱贫攻坚以来，若达村按照上级的总体要求，瞄准扶贫对象，以持续增加贫困人口收入为核心，以培育产业为根本，因地制宜、因户施策、因人施法，推进"精准滴灌"扶贫方式，将年度所有扶贫资金全部投入到脱贫任务当中，通过实施生态补偿、基础设施建设、发展教育、医疗救助、产业扶持、易地搬迁、转移就业、信贷扶贫、社会保障兜底、社会援助十项脱贫攻坚措施，采取项目扶贫、产业扶持、安居扶持、搬迁扶持、就业扶持、技能扶持、教育扶持、兜底扶持、金融扶持、健康扶持、援藏扶持、企业扶持、驻村扶持、双联户扶持"十四个到村到户法"，取得了阶段性成效。主要措施有：

1.聚力扶贫对象，狠抓攻坚精准识别

打赢脱贫攻坚战，前提是要精准识别扶贫对象。若达村严格按照贫困户评选程序，对全村76户529人进行全覆盖入户核查，统计家庭经济收入情况，然后以村民代表大会形式进行集中讨论，以"家庭状况困难、经济收入少、缺乏劳动力"等为标准进行研究，最终选定了35户166人为建档立卡贫困户，确保识别对象"零差错"，信息录入"零误差"。此后按照"该进则进、该退则退，实事求是、彻底清楚"的原则，县、乡、村、帮扶干部先后6次对本村建档立卡贫困人口进行再甄别、再核实、再清理，未

发现任何问题，有效杜绝了错评、漏评、未整户识别等问题。

2. 聚力合作经济，拓宽增收致富渠道

若达村基于自身的地理位置、资源禀赋、贫困户特点等因素，瞄准市场需求，发挥特色优势，探索开展村合作社建设，走出特色的发展之路。若达村先后主导成立那曲索县若达乡综合专业合作社（建筑合作社）和那曲索县若达乡二村综合专业合作社（万亩千畜养殖合作社），形成了"造血式"精准脱贫模式，贫困户均以不同的方式入股合作社，每年定期取得分红收益，稳定增收，实现有效脱贫。

建筑合作社秉承着"让有劳力的贫困群众参与、多劳多得，依靠自己的双手开创美好明天"的理念，积极引导贫困户中可流动的劳动力到合作社工地工作，凭自己的力气和汗水挣工资，带动近 30 名贫困人口实现就业。

万亩千畜养殖合作社按每人三头牦牛的标准，把牦牛分配给贫困户散养，合作社负责集中销售奶、肉制品，贫困户从收益中获取分红。依托两个村合作社，若达村建立健全了贫困户利益联结机制，做精做实"红利"分配机制，同时对于无劳力的贫困户家庭，也进行无条件兜底分红。

3. 聚力扶贫扶智，增强发展内生动力

若达村以转变思想观念为出发点，通过开展扶贫政策宣讲、举办扶志扶智班和技能培训班等方式，激发贫困户内生发展动力。

一是扶贫政策宣讲。以村民大会、扶贫户专题宣讲会、入户宣传等多种方式开展政策宣传；对长期人户分离群众也通过电话、联户长宣传以及党员微信群等方式宣讲。通过发放扶贫宣传单、

宣传册让脱贫攻坚工作的目的和要求、贫困人口识别标准和程序、贫困户应享受政策等家喻户晓。

二是开设"扶志扶智班"。通过开班从思想上、精神上消除贫困户"等、靠、要"的消极思想，树立"宁愿苦干，不愿苦熬"的观念，变"要我脱贫"的被动意识为"我要脱贫"的主动自觉；激发摆脱贫困的内在动力，培育贫困群众发展生产和务工经商的基本技能，提高贫困群众自我发展能力[①]。

三是开展技能培训班。以农民知识化工程和劳务输出岗前培训为载体，以提高农民应用先进生产技术水平、农民谋生手段为主要内容，整合劳动力转移培训、职业教育等培训资源，为贫困户帮扶对象提供免费技能培训，使每户扶贫对象至少掌握一项就业技能或实用技术，并积极联系当地企业或与周边县企业加强联系，帮助贫困户输出劳动力，促进稳定就业、增收脱贫。

4. 聚力环境与文明建设，提升民众幸福感

乡村文明建设及环境治理工作也是脱贫攻坚的一项重要指标，能够展现农村积极向上的精神风貌，提升民众的获得感和幸福感。为营造干净整洁的乡村居住环境，引导大家形成良好乡村风气也十分重要。脱贫攻坚开展以来，村两委多方位地开展乡村环境与文明建设：

一是倡导尊老爱幼、诚实守信、邻里团结、遵纪守法等良好民风民俗，大力宏扬优秀传统文化和社会主义核心价值观，为乡村营造和谐稳定的秩序氛围。

二是推动移风易俗，树立文明乡风，破除一些陈规陋习、不

---

① 冯湖：《实施精神扶贫的重大意义》，《甘肃日报》2018 年 1 月 29 日。

良生活习惯和"等、靠、要"思想，使农牧民逐步提高科学文明素养、思想道德觉悟等，形成良好的精神风貌和生活行为习惯，充分激发广大农牧民投身生产和经营的积极性和主动性，从而推动农牧民自身和乡村的发展[①]。

三是挖掘和发扬本土文化，积极开发具有民族传统和乡村地域特色的民间工艺项目和文艺表演项目，发展"一村一品"特色文化，推动本村独具特色的自治区级非物质文化遗产"索荣卓舞"的传承与发展，丰富农牧民文化生活。

四是大力推动村庄环境卫生清洁及农户家庭环境卫生提升活动，改善村庄及农牧民家庭生活环境，引导农牧民做到室内清洁卫生，家具物品摆放整齐，院落周围整齐有序。在乡村环境治理和乡村文明的建设中，村规民约得到普遍遵守，爱卫生、讲卫生的良好生活习惯逐步养成，为打赢脱贫攻坚战奠定了良好的基础。

三、脱贫攻坚成效

（一）收入来源均衡增加

截至 2018 年年底，通过合作社入股分红、就业务工、政策补贴等手段，若达村贫困户人均收入大幅提高。2015 年年底，若达村建档立卡贫困人口人均可支配收入为 2760 元，2018 年年底增加到 9470 元，增加了 243.12%。

从贫困户收入结构变化来看，2015 年若达村贫困农户生产经营性净收入 1104 元、工资性收入 552 元、转移性收入 828 元、

---

① 熊英：《大力提升西藏乡村治理能力》，《西藏日报》2018 年 10 月 19 日。

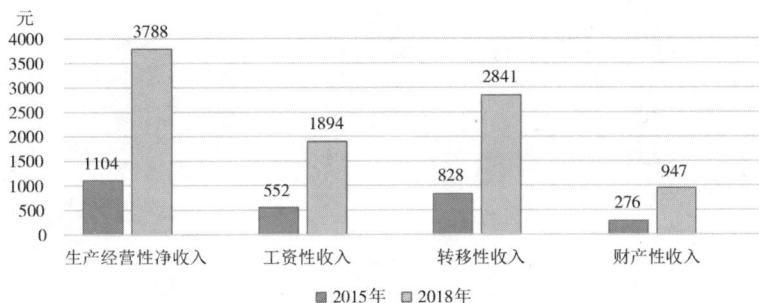

图 4-3　若达村 2015 年和 2018 年贫困人口人均可支配收入比较

资料来源：若达村村委。

财产性收入 276 元，占比分别为 40%、20%、30%、10%。2018
年生产经营性净收入增加至 3788 元、工资性收入增加至 1894 元、
转移性收入增加至 2841 元、财产性收入增加至 947 元，占比分
别为 38.89%、19.45%、29.17%、9.72%。各方面收入来源均衡增
加，收入结构变化不大，收入来源以生产经营性净收入和转移性
收入为主。

（二）基础设施显著改善

脱贫攻坚以来，若达村基础设施建设水平得到了极大改善
（详见表 4-3）。

在道路建设方面，索县政府先后投入大量资金，拓宽与县城
连接的公路，道路条件得到了极大改善；村级主干道路正在扩建，
预计 2019 年年底实现水泥路面硬化，15 个自然村中 13 个通大车
砂石路，2 个通摩托车道路。

在电力设施方面，2018 年若达村村委所在地的自然村通国家
电网用电，在此之前全村 15 个自然村 76 户农户均通过政府配发

图4-4 修建中的道路

的家用太阳能发电装置,实现了家中日常生活用电。

在饮水设施方面,通过实施人畜饮水安全工程,建有饮用水源保护区1处,生活饮用水水质符合国家相关标准,饮用水卫生合格率为100%,15个自然村76户农户均保障安全饮用水,但饮用水还未经过集中净化处理。

在通信设施方面,15个自然村实现了电信电话信号覆盖,能够使用手机接打电话,手机拥有率达到100%,2个自然村通宽带网络。

在能源使用方面,该村农牧民生产生活的优质清洁能源使用率大幅提升。其中,贫困户家庭使用煤炭的比重达到80.00%,仅个别贫困户辅助使用干牛粪。

此外,专门修建了生活垃圾卫生转运站,按照"户收集、村处理"的模式,进行垃圾转运处理。经过人居环境建设工程后,若达村村容村貌焕然一新。

表 4-3　生产生活信息表

观测指标	单位	2015 年	2018 年
有无村庄规划	—	无	有
通生产用电的农户数量	户	0	35
是否通客运班车	—	否	否
使用自来水的贫困户数量	户	0	20
通宽带户数	户	0	15
是否有雨污分流设施	—	否	否
是否有垃圾集中收集处理设施	—	是	是
危房户数	户	4	0
易地扶贫搬迁贫困户数量	户	0	14
新建房户数	户	4	14
有效灌溉面积	亩	0	0

资料来源：若达村村委。

（三）公共服务明显提升

脱贫攻坚初期还存在贫困户没有参加合作医疗现象，贫困户均未参加大病医疗保险和大病医疗补充保险，脱贫攻坚实施后实现了基本医疗保险制度的全覆盖。村卫生室的功能逐步提升，医疗卫生条件大大改善，能够为农牧民提供便利的医疗服务，并为每户慢性病贫困户配备家庭医生（详见表 4-4）。

建成村文化活动室和便民服务中心各 1 个，文化广场也正在建设中，农牧民文化生活得到极大丰富。

通过实施教育质量提升工程，教育类"三包"经费补贴、农牧区义务教育学生营养改善计划补贴全部落实到位，村义务教育阶段学生入学教育成效得到进一步巩固。

表 4-4　公共服务信息表

观测指标	单位	2015 年	2018 年
行政村卫生室个数	个	1	1
行政村卫生室全科医生数量	人	0	0
贫困户参加合作医疗人数	人	166	174
贫困户加入大病医疗保险人数	人	0	174
贫困户购买大病医疗补充保险人数	人	0	174
文体活动场所 / 图书室 / 文化室	个	1	1

资料来源：若达村村委。

（四）基层组织年轻化

若达村注重村两委班子建设，通过 2017 年两委换届工作，把有文化、有思想的年轻党员吸纳到村两委班子中（详见表 4-5），在学习制度、工作体系、服务队伍上下功夫，进一步增强了村党组织的工作能力，若达村现任两委班子的工作得到了县乡领导及村民的一致认可。若达村还在创新基层社会治理模式方面下功夫，在合作社及双联户工作中成立党小组，注重发挥党组织的领导作用和先锋模范作用，同时充分发挥"双联户"、网格化和驻村工作队等在基层治理方面的优势，不断优化网格化管理，第一时间处理问题、化解矛盾，不断增强群众的认可度和满意度。

表 4–5　基层组织建设情况表

观测指标	单位	2015 年	2018 年
党员数量	人	12	15
党员平均年龄	岁	39	33
受教育程度高中以上	人	0	0
受教育程度为高中	人	0	1
受教育程度为初中	人	0	2
受教育程度为小学	人	12	12

资料来源：若达村村委。

（五）乡风文明保持良好，内生动力稳步提升

在乡风文明方面，若达村民风淳朴、邻里关系和睦，农牧民的聘礼支出、婚宴支出、葬礼支出等人情支出较少（详见表4–6）。从入户调查结果来看，受访贫困户都认为"日子过得很幸福""基本或完全没有相互攀比现象"，占比达到93.33%；22 户受访贫困户认为"完全没有夫妻打架、虐待老人 / 儿童现象、偷

图 4–5　村民家内环境

鸡摸狗等现象"，占比达到 73.33%；29 户受访贫困户分别认为"基本或完全没有红白喜事等大额礼金"，占比 96.67%。从现实的数据来看，若达村平均婚宴支出仅由 2015 年的 2000 元增长至 2018 年的 3000 元，平均葬礼支出仅由 2015 年的 7000 元增长至 2018 年的 10000 元，不存在大操大办红白喜事的现象；人情往来仅由 2015 年的 200 元增长至 2018 年的 600 元。近年来若达村没有出现判刑人员和接受治安处罚人员，社会治安良好，未发生打架斗殴、赌博、偷盗、抢劫等恶性事件，未出现上访人员和群体性事件。

在内生动力方面，通过修订和完善村规民约以及定期组织开展一系列的主题教育活动，广大农牧民特别是贫困群众内生动力稳步提升。从入户调查结果看，20 户受访贫困户认为"基本或完全没有无所事事游手好闲现象"，占比 66.67%；22 户受访贫困户认为"完全不存在经济困难就靠政府救济、碰到问题或困难了就等着政府来解决的情况"，占比 73.33%；20 户受访贫困户认为"对摆脱贫困有更强的渴望"，占比 66.67%；18 户受访贫困户认为"通过种养殖 / 做生意 / 务工等可以改变现状"，占比 60.00%；21 户受访贫困户认为"依靠自己就能改变现状"，占比达到 70.00%。此外，通过每年组织开展的系列活动，若达村的一些良好习俗得到传承，干群关系保持密切，邻里关系和睦，村民的内生动力稳步提升。

表 4-6　乡风文明情况表

观测指标	单位	2015 年	2018 年
村内平均聘礼支出	元	3000	5000

表 4-6　乡风文明情况表

续表

观测指标	单位	2015 年	2018 年
村内平均婚宴支出	元	2000	3000
是否有村规民约	/	是	是
村内平均葬礼支出	元	7000	10000
贫困户年内人情往来净支出	元	200	600
每年组织文体活动次数	次	6	12
年内受到刑事处罚人数	人	0	0
是否有红白理事会	/	否	否
是否有调解委员会	/	是	是

资料来源：若达村村委。

（六）消除绝对贫困

脱贫攻坚战略实施以前，全村建档立卡贫困户 35 户 166 人，贫困发生率高达 32.05%。经过几年的艰苦奋战，截至 2018 年年底，全村已实现脱贫 34 户 173 人，贫困发生率降至 0。

四、脱贫攻坚典型经验

（一）多举措促稳定，营造稳定和谐环境

西藏是边疆重点少数民族地区，是维护边疆民族地区乃至我国国家整体安全的重要屏障；西藏整个区域都是西方反华势力

和"藏独"分裂势力力图渗透并争夺的区域①。索县若达村位于西藏东北部，临近青海省，属于唐古拉山脉地区，自然条件恶劣，山高路险，曾经更是达赖喇嘛进行分裂破坏活动的一个发起点，安全稳定形势依然十分严峻。在这样特殊的情况下，若达村自开展脱贫攻坚以来，多举措地维护地方安全稳定，为脱贫攻坚营造稳定和谐环境。

1. 加强党建筑牢组织堡垒

一是若达村借助换届机会，把有文化、有思想的年轻党员吸纳到村两委班子中，并通过强化学习制度、健全工作体系、建强服务队伍，增强村党组织的工作能力，特别是维稳处突的能力，使基层党组织最大限度地发挥战斗堡垒作用。

二是在合作社、双联户单元中建立党小组。目前，若达村在2个合作社及11个双联户单元中建立了党小组，在虫草采集时期还建立临时党小组。党小组的建立一方面能够充分发挥村级党组织的领导作用，协助合作社及联户长做好日常管理，另一方面在开展工作中也能够快捷收集掌握民情、及时化解各类矛盾纠纷，为维护安全稳定提供支撑。

2. 深化"双联户"管理模式

"双联户"即"联户平安、联户增收"，按照"住户相连、邻里守望"的原则，以5户或10户划分一个联户单元，以联户长为基础，村委干部、乡镇派出所民警及治保人员共同参与，负责组织联保户开展看家护院、群防群治、纠纷调解、流动人口治安

① 陈敦山、王潇：《边疆安全视角下推进西藏扶贫工作的思考》，《西藏发展论坛》2017年第3期。

管理等工作。若达村 76 户，共设置 15 个联户长，每个联户单元 5—6 户。

"双联户"模式管理的内容：一是矛盾纠纷联排联调，通过日常走访、邻里往来，排查了解联户的生活矛盾、家庭纠纷，并及时进行调解、规劝、制止，防止矛盾扩大或激化。二是安全隐患联防联控，对联户中发生的违法犯罪行为，形成"一户有警、联同联动"的治安协防工作体制；对联户中出现非法宗教活动、家庭暴力、虐待老人等社会家庭问题，相互监督、相互劝阻，及时报告；对于发生火灾等安全隐患时，相互提醒，相互救助，及时消除安全隐患。三是重点人员联管联教，对联户内的闲散青少年、危安重点人等重点人员，实行结对帮教，联合管控。"双联户"管理推行后，若达村的治安状况、外来人员和重点人员管理等工作取得了良好成效，为安全稳定工作树牢了根基。

3. 维稳工作常抓不懈，特殊时期重点关注

一是做好情报信息收集整理及研判工作，在村两委、驻村工作队及党员中强调情报信息的收集及研判重要性，充分利用工作及日常零距离接触的机会，了解农牧民群众所思、所想、所盼，利用群众舆论导向、谈论的热点话题等来收集各类情报信息。

二是做好重点人员管控，对村内学经回流人员、寺庙清退人员等各类重点高危人员，逐一编队排号，建立一整套详细、完整档案，实行专人联系、分类管控、动态管理，让村内重点高危人员随时处于管控视线内。

三是在一些敏感及特殊时段（"3·14"事件发生月份、虫草采集期间）加强管控，利用网格管理与"双联户"管理组织村民

开展群防群治工作，加强邻户间的联防联控，构筑起联防联控的严密网络，有效维护联户单元的稳定；村两委和驻村工作队实行24小时轮流坐班制，各联户长和护林员实行24小时轮流值班、巡逻，确保维稳工作不留死角。

四是制定突发事件应急处理预案，通过全面分析研究，研判可能出事的部位、出事的人员和出事的方式，制定突发事件应急预案（如2017年达卡村委会制定3月敏感日和全国"两会"期间维稳处置突发性事件预案），确保一旦发生突发事件能够第一时间处置，第一时间消除隐患。

4. 加强政策与法制宣传工作

若达村通过组织双联户座谈会等活动，组织联户单位内的群众集中收看、收听党和国家的重大政治活动，深入学习宣传党的各项惠民政策、宗教政策、民族政策，交流学习心得体会，切实增强广大群众的党的意识、国家意识、政府意识。

以开展"平安家庭"创建活动为载体，积极加强村民的教育引导，开展以婚姻法、妇女权益保障法等法律法规为主要内容的宣传教育活动，积极引导广大农牧民群众遵纪守法、增进家庭和睦和民族团结，营造和谐稳定良好社会氛围。

（二）瞄准需求，发挥优势，探索村合作社建设之路

若达村地属高原高山峡谷地带，四面环山，山高谷深，地势险要，自然条件恶劣，同时由于耕地面积少，交通条件落后，生态环境脆弱，短时期内规模性地发展畜牧、旅游等产业不现实。针对这种情况，村两委积极思考，瞄准市场需求，发挥特色优势，

探索开展村合作社建设，在良好的市场环境及政府政策扶持下，走出了一条有特色的发展之路。

1. 面向市场，对接需求，组建若达村第一个村级合作社

2009 年，为解决村民们吃菜难的问题，若达村 6 户农户筹资 6 万元开展大棚蔬菜种植，开启了若达村合作社建设之路，后因缺乏技术支持未能延续。2011 年若达村 5 位农户重新筹集 5 万元，搭建经营铺面等基础建设，面向市场需求，开展藏餐、商店、宾馆经营业务；在此基础上，2012 年，索县扶贫办资助 20 万元，由当时村支部书记索朗发起注册成立了若达村第一个村级合作社——"那曲索县若达乡综合专业合作社"。截至 2019 年，全村 76 户，共有 72 户入股，入股资金达 300 万元，其中贫困户 34 户，入股资金 1 万元至 5 万元不等，非贫困户 38 户，入股资金 1 万元至 24 万元不等。

合作社在发展中充分依托市场，对接市场需求，经营业务在原有基础上拓展了工程建筑、砂石经营、藏药制作与销售等内容。特别是面对脱贫攻坚工作中道路水利等基础设施建设及危房改造、易地扶贫搬迁建设的实际需求，合作社组建成立了专业的建筑施工队，在政府的扶持下，承接相应脱贫攻坚实施项目，促进合作社经营发展。

自脱贫攻坚实施以来，合作社已累计分红 300 余万元，其中贫困户分红 47.7 万元，贫困户户均分红 1.4 万元；通过吸引贫困户中可流动的劳动力 20 人到合作社建筑施工队中务工挣钱，共计收入 53.8 万元，人均 2.69 万元，极大地提升了贫困户的收入，同时据调查，对于无劳力的贫困户家庭，合作社还进行无条件兜底分红，这些都为带动和帮助贫困户增收提供强有力的支撑。

2. 依托扶贫项目，发挥优势，成立万亩千畜专业合作社

若达村拥有 76000 余亩的草场资源，具有发展畜牧业的先天优势。2018 年，随着通乡通村交通条件的逐步改善，村两委为了充分发挥资源优势，发起成立了万亩千畜合作社，主要从事牦牛养殖及鲜奶和肉制品销售。全村 35 户贫困户通过产业扶贫项目的政策（由政府提供 279 万元的特色产业发展帮扶资金，以建档立卡人口每人三头牦牛的标准，共计购买 498 头牦牛），通过政府购买的牦牛全部入股合作社。合作社又按照建档立卡人口每人三头牦牛的标准，再把牦牛分配给每一个贫困户进行散养，在散养过程中，贫困户则可以通过牦牛牛奶、奶渣、酸奶等获得一定的生产经营性收入。合作社在从事牦牛养殖的同时，还负责集中销售牦牛牛奶、奶渣、酥油、酸奶等奶制品和屠宰后制成的肉制品，并从中获得收益，而贫困户通过收益分红再次取得一定收入。

合作社 2018 年共收入 120 万元，入股贫困户共计分红 8.96 万元，平均每人分红 540 元，平均每户分红 2560 元，同时也通过提供工作岗位吸引 6 名贫困人员到合作社打工，共计收入 21 万元，人均收入 3.5 万元。目前万亩千畜专业合作社的运营正逐步成熟，下一步合作社还将争取获得更多扶持，运营索县万头牦牛标准化养殖产业项目，不断地发展壮大。

在以上两个村级合作社的运营下，村集体经济正在不断壮大，据统计截至 2019 年 9 月，若达村共有村集体经济收入 500 余万元，一方面增强了若达村村级组织自我保障的能力和服务村民的能力；另一方面也为接下来的乡村振兴工作的开展提供了经费保障。

五、小结和讨论

若达村在自然环境恶劣、交通条件落后的背景下，维稳与脱贫并行的要求下，通过创新基层管理模式、发展壮大村集体合作社、引导农民外出务农等途径，整体改善村庄环境，提高农牧民生活水平，增加农牧民收入，提升农牧民幸福感，将贫困发生率从 2015 年的 22.39% 降至 2018 年的 0%，贫困户人均可支配收入从 2015 年的 2760 元增加到 2018 年的 9470 元，增长了 243%。2018 年年底整村达到脱贫标准，顺利实现脱贫摘帽，谱写了若达村脱贫攻坚追求美好生活的壮丽诗篇。

若达村脱贫的实践，有两个方面值得进一步探讨。

若达村推动建立村级合作社这一举措，在带动贫困户稳定增收方面发挥了重要作用，这也是目前巩固和稳定脱贫成果，推动村集体经济发展的重要举措。2019 年中央一号文件中也明确指出"把发展壮大村集体经济作为发挥农村基层党组织领导作用的重要举措，加大政策扶持和统筹推进力度，因地制宜发展壮大村集体经济，增强村级组织自我保障和服务农民能力"。若达村的两个村级合作社的组织经营及管理理念，正是属于集体经济合作社的范畴，在发展中壮大村集体经济，也为下一步若达村对接乡村振兴提供了强大保障。

随着国家脱贫攻坚工作的推进与逐步实施，有效地解决了"两不愁三保障"问题，消除绝对贫困，在一定程度上也提高了地区的经济发展及群众的生活水平。但是，从总体看，所属的县区由于受制于自然环境、交通条件等因素，经济发展水平还相对比较落后。在脱贫摘帽后，如果不及时关注自身经济的发展，特别是不能及时结合地区特色发展产业，将很难维持和稳定农牧民收入，特别是脱贫人口的收入。同时伴随着交通及信息的发展，更多的劳动力人口可能会选择外出就业，这样也会导致脱贫村及所属县乡地区的经济发展难上加难。因此，对于地方政府而言要积极结合县域经济及地方的资源禀赋情况，思考区域范围内经济的整体发展。

（本案例执笔人：马金山　陈礼开　吉则尔夫）

案例点评

习近平总书记提道："深度贫困地区贫困程度深、基础条件差、致贫原因复杂，民族、宗教、维稳问题交织，是决定脱贫攻坚战能否打赢的关键。"① "不能落下一个地区、一个民族"②，雪域高原上凝聚了全国人民深切的关怀，汇聚了强大的脱贫攻坚力量。若达村 2018 年脱贫以来，立足牧业资源优势，不断推进"一村一合"示范社建设，让农牧民以自家的草场、牲畜、劳力等入股合作社，实现资源变股权、资金变股金、牧民变"股东"，收入节节攀升，人均可支配收入稳定在 10000 元以上；"智志双扶"工程的持续推进，不断提升农牧民发展能力和内生动力。现在的若达村文明新风不断生长，生态环境、和谐氛围不断提升，奔忙在乡村振兴路上的农牧民们脸上闪耀着幸福快乐。在未来，若达村要正确处理好发挥优势和补齐短板的关系，统筹谋划短平快富民产业和长远对经济发展起支撑作用的战略性产业，用好用足国家涉藏政策，将巩固脱贫成果和乡村振兴有效衔接，协调社会经济发展全面，努力开创出雪域高原人类可持续发展的新局面。

（点评人：马金山，西南科技大学生命科学与工程学院、农学院讲师）

---

① 习近平：《在解决"两不愁三保障"突出问题座谈会上的讲话》，2019 年 8 月 19 日，中共中央党校网（https://www.ccps.gov.cn/xxsxk/zyls/201908/t20190819_133632.shtml）。

② 《全面小康绝不能落下一个地区、一个民族》，2015 年 12 月 31 日，新华网（http://www.xinhuanet.com/politics/2015-12/31/c_128583375.htm）。

第五章

"党建领、产业兴"：
高原牧区村的脱贫之路

仲巴县聂康村脱贫经验总结

聂康村是我国西部边境典型的高海拔纯牧区村落，平均海拔4800余米，高寒缺氧、交通不便、环境闭塞，经济结构十分单一。作为国家级贫困村，如何脱贫致富曾经长期困扰着这里的人们。脱贫攻坚以来，聂康村走出了一条属于自己的脱贫路子，村民们的生活水平显著提升，村庄面貌得到明显改善，于2018年12月退出贫困序列。为了客观记录脱贫攻坚工作、总结脱贫攻坚经验，2019年9月8—10日，西南科技大学课题组来到聂康村开展实地调研，与各级干部和群众进行了深入交流，在收集各类资料的基础上，完成了此报告。

一、脱贫攻坚战基期村庄概况

（一）交通区位偏远，自然条件艰苦

聂康村坐落于我国西部边陲，紧邻尼泊尔，隶属于日喀则市的西大门仲巴县。虽地处国道219沿线，但这里山高路远，交通区位十分偏远，南距日喀则市区700余公里（车程近11小时），

北距阿里地区噶尔县城区 500 余公里（车程近 7 小时）。

聂康村辖扎西藏林和聂康两个自然村，村委会所在地也是帕羊镇政府驻地。"帕羊"藏语意为"中间宽广"，相传格萨尔王带兵作战时曾在这里安营扎寨，将此地作为牧马场，帕羊由此得名①。这里是雅江流域源头，牧草地资源丰富。全村国土面积约 144.8 万亩，其中牧草地面积有 144.4 万亩，可利用面积约 80.9 万亩，无耕地、林地和水域。由于地处高海拔地区，自然条件十分艰苦，属于典型的高原亚寒带半干旱气候，年温差较大，无霜期短，年平均气温不超过 20℃，最低气温 –40℃。氧气稀薄、土地贫瘠、植被稀少，生态环境极其脆弱且退化趋势明显。自然灾害频发，常见的有干旱、风沙和暴风雪等。

图 5-1　聂康村草场和沙丘

① 《帕羊镇：西部"神山驿站"》，2016 年 7 月 4 日，中国西藏新闻网（http://www.chinatibetnews.com/rkz/201607/t20160704_1313316.html）。

2015 年，全村共有 160 户 538 人，均为常住人口，民族均为藏族，经精准识别，全村共为 43 户 102 人建档立卡，贫困发生率为 17.29%。

（二）基础设施落后，公共服务改善缓慢

由于长期的历史欠账，精准扶贫开展以前，聂康村无论是公共基础设施还是人民生活生产条件，均十分落后。

道路设施和交通出行方面，通往自然村的道路均为砂石土路，多处河流无桥可行，群众出行常常是"晴天一身尘，雨天一身泥"；出行工具以摩托车和拖拉机为主，部分群众甚至没有交通工具，生产生活极为不便，很多群众没有去过日喀则和拉萨，一些上了年纪的老人甚至没有去过县城。

生产生活设施和人居环境方面，通生活用电、通电话，但未通生产用电、有线电视和宽带网络；村民多居住在帐篷或土房内，

图 5-2　2015 年前的居民住房

房屋安全难以保障，饮用水主要来源为未经过集中净化处理的露天沟渠水；村内没有卫生厕所，人畜混居较为普遍，村民家庭卫生和个人卫生普遍较差。

义务教育保障方面，帕羊镇小学及学前教育硬件设施条件落后；部分学生家长不理解、不支持教育，甚至以家中无人放牧、父母生病无人照顾等各种借口为由阻挠学生入学，学生逃学、辍学问题较为严重。

村级卫生设施与卫生服务方面，由于现代医疗设施不齐全，群众大病医治比较困难，妇女在家产子现象也多有发生。

（三）产业结构单一，群众思想观念保守

受到严酷的自然条件限制，这里几乎不能出产任何农作物，产业结构单一，畜牧业是村民的主要收入来源。外出务工可能是脱贫致富的唯一希望，但这里的群众思想观念相对保守，同时还受到宗教的影响，很多人习惯于原始的游牧生活而不愿意外出务工。部分村民尝试外出务工，但因为文化程度低、无一技之长，除了基本能够满足自身生活需求外，带给家里的收入所剩无几。

作为主导产业的畜牧业一直以来生产效率不高，无法支撑群众增收，其原因是多方面的。一是牧民分散经营，各自为战，生产方式比较粗放，缺乏严格规范的育种管理和防疫体系，任由牲畜自然繁殖和生长，抵御自然风险能力差；二是商品经济观念淡薄，牧民们轻商、鄙商观念浓厚，不重视畜牧产品作为商品的价值形态，导致与市场联系不紧密，这种不以市场需求为导向的生

产行为更多地只能满足自身需求,而不利于资本积累[1];三是宗教思想和传统观念影响下的惜宰惜售习俗导致草畜矛盾日趋严重,草原面积减少,天然饲草供应能力下降,在制约牧民增产的同时也造成了较为严重的草场沙化等生态环境问题[2];四是远离城市,牧区社会化服务相对落后,社会经济组织化程度低,导致市场和信息都相对闭塞,社会经济长期封闭运行。

据了解,当地群众还多有赊账习惯,2015 年时许多群众身负外债,户均约 0.5 万元,贫困户户均约 0.8 万元。

(四)收入依赖补贴,深陷贫困恶性循环

2015 年,聂康村建档立卡贫困户家庭人均可支配收入为 4800 元,其中生产经营性净收入和工资性收入仅有 1000 元,而由禁牧补贴、边境补贴等国家惠民性补贴构成的转移性收入达 3800 元,占比近 80%。

聂康村 2015 年 43 户建档立卡贫困户的致贫原因情况为:"缺技术"有 24 户 74 人,占比 79.57%;"缺劳力"有 15 户 19 人,占比 18.63%;"自身发展不足"1 户 2 人,占比 1.96%;"因病"1 户 1 人,占比 0.98%;"因残"2 户 6 人,占比 5.88%。分析可见,缺技术和缺劳力是聂康村村民陷入贫困的主要原因。聂康村产业结构单一,村内交通和通信设施落后,村民生产生活闭塞,经济活力不足,资金和技术无法实现有效累积。这就造成该地区长期深陷于贫困恶性循环泥潭中,人们的生活水平提升缓慢。

---

[1] 张剑雄、陈少强:《中央财政政策对提高西藏农牧民生活水平的影响》,《财政研究》2014 年第 3 期。

[2] 白玛措:《生态人类学与西藏草地研究》,《中国藏学》2005 年第 4 期。

二、脱贫攻坚投入与建设

（一）脱贫攻坚投入情况

脱贫攻坚以来，聂康村先后通过接收国家扶贫资金和扶贫贷款实施了一系列建设项目，涉及资金 1.3 亿元（详见表 5-1）。总体上看，涉及聂康村的扶贫资金主要用于解决长期严重制约提升村民生产生活条件的短板问题，其中，基础设施建设和村庄整治方面的投入力度最大，占比达到 66%。

表 5-1　聂康村 2016—2018 年扶贫项目与资金投入情况

类别	年份	投入项目	资金额（万元）	资金来源
道路	2017—2018	帕聂公路建设项目	1651.9	国家投资
饮水工程	2018—2019	聂康村村居安全饮水工程	42.6	国家投资
公共服务设施	2016—2018	帕羊镇小学建设项目	3369	国家及援藏投资
村庄整治	2016—2018	"4·25"灾后重建帕羊镇特色小城镇建设项目	3502.6	国家投资
村庄整治	2014—2018	帕羊镇特色小城镇建设项目	3572.3	援藏投资
产业发展	2016—2018	霍尔巴绵羊养殖基地建设项目	576.5	国家投资
产业发展	2016—2018	专业合作社发展	640	贷款

资料来源：聂康村村委。

在产业发展方面，投资 576.5 万元建设霍尔巴绵羊养殖基地，为合作社的发展壮大和规范化养殖奠定了基础。

此外，通过扶贫小额信用贷款和产业贷款，贫困户户均贷款 5 万元，共计筹资 640 万元入股合作社，解决了合作社发展资金不足的问题。

（二）脱贫攻坚主要措施

在国家脱贫攻坚战略的强力推进下，聂康村贯彻"精准扶贫、精准脱贫"思想，重点解决长期困扰当地群众生产生活的短板问题，实施了一系列的扶贫举措。

1. 紧抓主导产业，勇于尝试变革

发展生产是助力脱贫攻坚的重要手段，产业兴旺是乡村振兴的基本前提。

"聂康村要脱贫致富，只能依靠祖辈留给我们的草原和牛羊，发展牧业一定能行。"该村党支部书记石旺是这样认为的。他找到其他村干部一起商议，决定发展村集体经济。就这样，村集体出资 11 万元，村两委班子成员带头入股，石旺将自家全部牲畜折合 70 万元入股，聂康村有了村集体经济。此后，村两委成员一边挨家挨户做群众工作，鼓励大家入股壮大集体经济，一边四处奔走，找销路拓市场。

为了做大做强畜牧业、提升科学经营水平、增强"造血能力"，2017 年，聂康村在村集体经济的基础上注册成立了养殖专业合作社。在仲巴县委县政府的支持下，珠峰霍尔巴绵羊扩繁场项目顺利开工建设，进一步促进合作社的壮大和规模化养殖。通过实施一系列措施，合作社实现了规范化经营管理，形成了专人养殖、专人加工、专人销售的"养、产、销一条龙"产业链，极大地提高了经济效益。

然而，合作社从无到有、从小到大的发展之路并非一帆风顺，曾多次面临资金短缺问题，村两委为此也想尽了各种办法，甚至

以个人名义向群众赊购牛羊。为了有效解决资金短缺难题，聂康村在仲巴县委、县政府的指导下，结合实际探索出了一套非常实用的办法，即"四个一点"（政府出一点、村集体出一点、群众出一点、信贷贷一点）和"三三制"（群众惠农资金的三分之一用于生活支出、三分之一用于入股、三分之一用于还贷）。运用该方法，合作社先后申领产业发展扶持资金1200多万元，引导贫困户通过三分之一惠农资金入股于石材合作社12万元，解决了该村合作社发展资金来源和收益分配的问题。

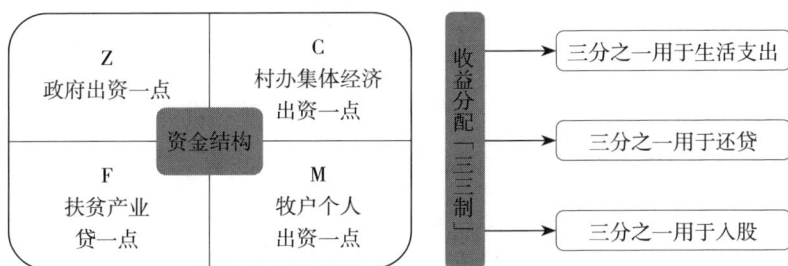

图 5-3　聂康村专业合作社资金结构（左）与收益分配制度（右）

资料来源：聂康村村委。

2. 全力补齐短板，增进民生福祉

2015 年以来，聂康村规划实施了多项基础设施建设项目。

交通道路设施方面，实施帕聂公路项目，建设水泥路面 10.5 公里；实施马漳河桥项目，组织群众自发维修了夏季草场转牧道路 15 公里。

公共服务设施方面，实施村居安全饮水工程项目，新建标准大口保暖井 2 座，解决了安全饮水问题；在国家资金和援藏资金支持下，实施帕羊镇小学建设项目，新建帕羊镇幼儿园 1 座，完善了配套设施，丰富了学校教学功能。

群众安全住房方面，推动实施易地扶贫搬迁工程，开工建设新居及附属设施，在改善群众生活条件的同时，对原住房进行回收，保护了雅江流域源头的湿地生态。

村庄风貌方面，在"4·25"灾后重建项目和帕羊镇特色小城镇建设项目的统筹下，开展了一大批村庄整治建设工程，主要包括兴建道路、供水泵及管道、旅游集散中心、景观台，改造民房外屋面等，通过提升镇村风貌，为打造旅游重镇提供支撑条件。

在改善基础设施的同时，聂康村的公共服务短板也得到快速补齐。

教育扶贫方面，通过强化政策引导和制度约束，召集群众通过村民代表大会集中宣传义务教育法，采取深入浅出谈心等方式，逐渐引导群众增强接受教育的意识，增强对教育的支持力度。为了确保适龄儿童及时入学，将学生义务教育入学工作纳入村规民约，与惠农资金相挂钩；通过摸排适龄学生就学辍学情况，对辍学学生家长进行思想教育，对辍学学生进行补招，兑现教育补贴，确保教育扶贫及教育惠民等政策落实。

医疗扶贫方面，积极推进新型农村合作医疗保险收缴工作，实现全村新农合收缴率100%、贫困人口医疗救助全覆盖，通过完善大病救助和医疗报销制度，确保群众看得了病、看得起病；完成村医务室的组建工作，配备2名村医，针对群众游牧生产形式，定期开展巡回医疗活动和送医送药入户；结合援藏工作，多次邀请援藏医疗队赴镇村开展巡回医疗服务。

社会保障方面，对残疾人员进行全面认定，并帮助申领残疾证，确保残疾群众能依法享受国家保障政策；通过深入特困家庭，识别核查兜底户名单，将卓嘎等3名患有残疾或精神疾病无人看护者送往县特困中心集中供养，确保其生活有着落。

三、脱贫攻坚成效

（一）贫困户收入显著增加，收入结构更加合理

通过村实体经济的带动，依靠政策补贴、政策兜底等手段，聂康村村民人均纯收入逐年增加，生活水平不断提升。村民人均纯收入由 2015 年的 8825.6 元增加至 2018 年 14354.9 元，年均增加幅度超过 20%。建档立卡贫困户家庭年人均可支配收入从 2015 年的 4800 元增加至 2018 年的 12400 元，年均增加幅度超过 80%。从收入结构来看，贫困人口各项收入均有所增加，生产经营性净收入比重由 4.7% 增加至 15.3%，转移性收入比重由 90.5% 降低至 41.9%，收入结构更加合理。

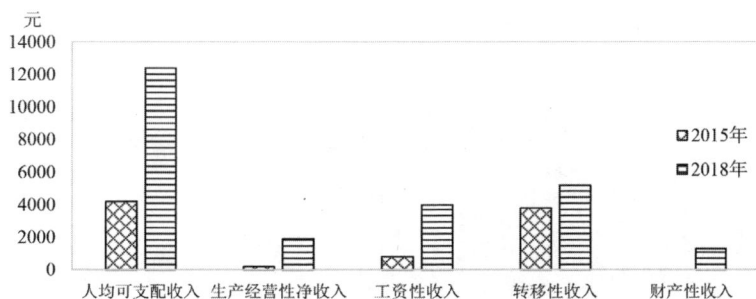

图 5-4 2015 年和 2018 年贫困人口收入结构对比

资料来源：聂康村村委。

（二）基础设施全面改善，人居环境整治效果明显

脱贫攻坚以来，水、电、路、讯、网等基础设施得到完善，

图 5-5　聂康村新貌

图 5-6　帕羊镇神山驿站酒店

卫生厕所实现全覆盖，村庄变得更加干净整洁，村级文化活动场所、健身场所、休闲娱乐广场逐一建成投入使用，呼应着远处的草原雪山，219国道沿线上"神山驿站"①旅游重镇的雏形正在显现。

40户易地扶贫搬迁房整齐划一，道路宽敞，通电、通水、通网络，生活便利，彻底改变牧民传统住房的"脏乱差"，展现了藏居新风貌。76岁的独居老人白玛接受课题组入户访谈时表示："这一辈子不曾想过，能住上这么好的房子。"

图5-7　白玛家易地扶贫搬迁房的外观与内景

（三）公共服务体系逐渐完善，服务水平明显提升

公共服务设施已基本完备，服务水平也有所提高。目前，该村拥有便民服务中心1座，设有活动室1个、图书室1个、篮球场1个、文化广场1个，村民开展自治议事和文娱活动的硬件条件得到提升。为落实国家教育均衡发展政策，在国家资金和援藏资金的支持下，帕羊镇中心学校和中心幼儿园建成，新建教室2栋，宿舍2栋，塑胶操场1个、风雨操场1个，配备了多功能教室、

① 帕羊镇是由日喀则前往冈仁波齐神山的必经之地，十一世班禅额尔德尼·确吉杰布亲自题名"神山驿站"。

美术室、书法室、舞蹈室、图书室等，并购置了相关设备，建设了学校太阳能供暖项目，极大地改善了该地区的基础教育条件。

目前，聂康村4户家庭的辍学儿童均已返学，义务教育阶段孩子实现100%入学；村内现有卫生室1个，配备1名全科医生和1名兽医，卫生室条件比较完备，可实现村内群众和牲畜常见病的入户诊断和就近医治。

图5-8 帕羊镇中心小学音乐教室

（四）村两委向心力不断增强，群众生活安定有序

目前，聂康村有党支部1个，党员36人。村两委班子成员共10人，其中妇女干部2人，学历多为小学。年龄结构上，最大年龄60岁，最小年龄25岁，25—40岁3人，41—50岁1人，51—60岁6人。近几年，围绕脱贫攻坚工作压实村干部责任，充分挖掘和发挥了党员的模范带头作用，改善了党群干群关系。

2016 年后，5 名村干部带头加入合作组织，带动了 27 户群众参加了合作社，走出了聂康村产业改革的第一步。村集体经济收入从 2015 年的 3.5 万元增长至 55.9 万元。该村组织召开的村民（代表）大会 2015 年仅 3 次，2018 年达到了 12 次。脱贫攻坚以来，该村无打架斗殴事件，未发生偷盗、抢劫事件，无上访，无群体性事件，村内社会政治稳定，群众生活安定有序，群众参政议政意识逐渐提升，村级治理能力显著增强，越来越多的村民积极投入到生态环境整治和边境维稳中，为建设美丽村庄和巩固边疆安全贡献力量。

（五）群众在帮扶下自力更生，社会文明新风正在形成

聂康村探索"党支部＋公司＋合作社＋专业养殖户"的运营模式，坚持入股自愿、利益共享、风险共担、民主管理、按股分红的原则，通过产业带动和产业覆盖，提升贫困户产业发展能力，激发了贫困户自主脱贫的内生动力。几年间，合作社运转日渐成熟，效益日益提高。2018 年，合作社实现收入 311 万元，带动就业 20 户 40 人，其中贫困户 11 户 15 人，兑现工资 35 万元，兑现小额信用贷款分红 17 户 42500 元，入股 32 户 91 名社员分红 133 万元，全村（集体经济）169 户 543 人分红 56 万元，人均分红达 1030 元。在合作社的带动下，村内致富带头人从 2015 年的 2 人增加到 2018 年的 9 人，群众主要收入来源逐渐多元化，群众自力更生、投资理财意识逐渐形成。

近年来，群众的生活娱乐方式也由之前单一的喝酒、赌博转变成了学习文化知识、观看红色电影、娱乐健身、参加农牧民运动会等。宗教迷信的不良影响逐渐减弱，婚葬支出大幅减少，非

婚生子、不赡养老人、酗酒闹事等恶习得到遏制，村内逐渐营造出不等不靠、干事创业的氛围。

（六）贫困面貌明显改善，人民生活水平显著提升

经过精准识别和动态调整，聂康村有 44 户 99 人建档立卡。经过当地干群的共同努力，该村贫困人口数量不断减少，贫困面貌明显改善。2016 年脱贫 6 户 16 人，2017 年脱贫 12 户 30 人，2018 年脱贫 24 户 51 人。截至 2018 年年底，全村剩余贫困人口 2 户 2 人，贫困发生率降至 0.35%，长期制约村民生产生活的基础设施和公共服务短板问题得到有效解决，产业发展取得较大进展，多数村民盖起了水泥砖房，购置了私家车，添置了彩电、冰箱、洗衣机、电动车等设备，村民的生活水平明显提升。

四、经验与启示

实施脱贫攻坚战略对于聂康村乃至整个西部边陲地区来说，是一次伟大的历史性机遇。聂康村在上级党委政府的领导下，在社会各界的大力支持下，因地制宜、勇于创新、因户施策，制定切实可行的脱贫规划和帮扶措施，经过艰苦努力，人民生活水平得到明显提升，贫困面貌得到了显著改善。从脱贫成效和各类主体的反馈情况来看，聂康村之所以能走好脱贫路，得益于他们有一个好的党支部和一条正确的产业发展路子。

（一）"党建"是雪域高原强力的脱贫攻坚引擎

习近平总书记多次强调，"消除贫困、改善民生、实现共同

富裕，是社会主义的本质要求"①。抓好党建促脱贫攻坚，是贫困地区脱贫致富的重要经验，正所谓"帮钱帮物，不如帮忙建个好支部"②。

从聂康村的实践经验来看，聂康村党支部始终牢固树立"围绕扶贫抓党建、抓好党建促脱贫、检验党建看脱贫"的理念，不断提高脱贫攻坚领导力、组织力，推动党建优势转化为扶贫优势、党建活力转化为攻坚动力。该村基层党组织建设在脱贫攻坚中发挥了重要作用，将"党建"打造为脱贫攻坚的推动引擎，主要表现在发挥党员的思想引领以及利用党组织为脱贫攻坚搭设平台两个方面。

"党建 + 思想引领"。精准扶贫，贵在精准；脱贫攻坚，重在成效。要想彻底脱贫，首要是思想和精神的脱贫。2016 年 3 月，通过精准识别，帕羊镇聂康村确定 43 户 93 人为建档立卡贫困户。看着下达的脱贫攻坚任务数字，面对一无资金、二无门路的困境，以党支部书记石旺为代表的聂康村两委班子清晰地认识到，继续"等、靠、要"，永远无法实现"脱真贫、真脱贫"。"这几年国家的政策那么好，我们一定要珍惜当下的幸福生活。感党恩、听党话，靠自己勤劳的双手去创造更加美好的生活！"石旺一直这样鼓励大家。脱贫攻坚以来，聂康村一直都十分重视精神脱贫，首先号召禁赌、禁酒，制定出了最严格的禁赌、禁酒条例，鼓励大家发扬自力更生、艰苦奋斗的"老仲巴精神"，为了丰富群众的精神生活，村里还办起了文化活动室。依靠广播喇叭、微信工作

① 中共中央文献研究室：《在河北省阜平县考察扶贫开发工作时的讲话》，《做焦裕禄式的县委书记》，中央文献出版社 2015 年版，第 15 页。
② 中共中央文献研究室：《在中央扶贫开发工作会议上的讲话》，《十八大以来重要文献选编》（下），中央文献出版社 2018 年版，第 47—48 页。

群、牧民宣讲员等载体，开展"四讲四爱""惠在何处、惠从何来"等主题宣讲。通过思想引导，贫困户纷纷表示，不愿再做贫困户。

"党建＋平台建设"。通过建立专业合作社搭建脱贫攻坚平台，探索形成了"党支部＋公司＋合作社＋牧户"的专业合作社运作模式，取得了显著成效。在合作社成立初期，一些村民认识比较片面，对加入合作社的积极性不强，导致合作社规模难以壮大、经济效益难以提升。此时，聂康村两委班子成员依靠个人信誉，向群众赊购牛羊，先后借购 41 头母牛、250 只公羊和 106 只母羊，用于扩繁和育肥。经过几年努力，2016 年合作社不但还清了所有债务，还实现盈利 117 万元。看到聂康村牧业实体经济发展取得成功，原本持怀疑观望态度的一些贫困户纷纷提出加入申请。为了打消群众顾虑，通过协商，在入股模式上坚持现金入股、牲畜入股相结合，合作社实现增资扩股，2018 年总资产达到了 815 万元，逐渐进入健康发展的轨道。

实践经验表明，党的工作重心在基层，执政基础在基层，活力源泉在基层。放眼聂康村乃至整个雪域高原，以党建促发展，以发展带脱贫，以脱贫促党建，在这里得到了充分运用。将党建和脱贫攻坚相融合，促进实现党的政治优势和脱贫攻坚的发展优势相互转换、相互促进，也充分体现了社会主义制度的优越性。

（二）打造新型产业经营主体，谱写牧区发展新篇章

聂康村的牧民们长期习惯于游牧分散经营，经营理念落后，管理方式粗放，市场意识淡薄，惜宰惜售思想观念导致草原牲畜过载、草原退化，当地社会经济困陷于产业发展瓶颈难以突破和生态保护压力日益严重的双重矛盾中。为了扭转这一局面，聂康

村经过不断摸索走出了一条适合自己的产业路。在村集体经济的基础上，成立聂康村养殖专业合作社，探索采用"党支部＋公司（仲巴县珠峰霍尔巴绵羊产业公司）＋合作社＋专业养殖户"的运营模式，发展成为一家以牧业发展为主，兼营商品供销，畜产品收购、粗加工，劳务输出和生态保护等业务的新型产业经营主体。聂康村养殖专业合作社从无到有、从小到大，整个过程是各级党委政府大力扶持引导、村党支部领导和组织群众开展互助合作、抱团发展的生动实践。

立足优势，突出特色。发展产业，必须基于当地资源禀赋，高海拔牧区产业发展着力点少是产业扶贫的最大难点，因此只能立足于固有优势。聂康村有一望无际的草原，有自然生长的牦牛和绵羊，发展扶贫产业仍需落脚于具有悠久历史传统的畜牧业。聂康村养殖合作社在日喀则市委、市政府的推动下，明确了打造珠峰霍尔巴羊品牌的发展方向。霍尔巴绵羊是高原型肉毛兼用的藏系绵羊，与当地其他品种相比，其主要生活在海拔4000米以上，能够适应当地严酷的自然环境，具有耐粗放的优点，且肉、毛、皮、乳均可产生经济价值[1]。聂康村选择霍尔巴羊品种、采用品牌化的发展策略，凝聚了产业优势，走出了该村主导产业商品经营、价值经营的第一步。

结合实际，科学管理。合作社取得成功的背后离不开正确的发展思路以及适应地方特色和民情的管理机制。合作社采取了比较常见的资源整合模式和管理机制，通过实现资源变资本、资金变股金、牧民变股民的"三转变"，盘活资产，整合资源；实施

---

① 洛桑催成：《仲巴县霍尔巴绵羊种质资源调查》，《中兽医学杂志》2015年第9期。

社员民主化管理，制定了合作社财务管理制度、理事会制度、社员会议制度、奖惩制度、牲畜防疫制度，形成公司式村党支部＋经理式村两委班子成员＋职业化劳动力＋监事会式"两代表一委员"的管理模式。为了有效解决合作社发展的资金困难，合作社采用"四个一点"（政府出一点、村集体出一点、群众出一点、信贷贷一点）方法，在收益分配上，"三三制"（群众惠农资金的三分之一用于生活支出、三分之一用于入股、三分之一用于还贷）的工作方法既保障了入股社员的收益和合作社的持续发展，也从制度管理层面改变着当地群众的理财习惯。制度实施后，当地群众赊账、欠账现象得到了有效遏制，当地牧民投资理财的意识正逐渐形成。

对接市场，优化经营。任何产业经营主体由小到大、由弱到强都必须顺应市场，而农牧产品销售通常都面临信息不对称、交易成本高、信任程度低三大痛点。为了将合作社有度有序推向市场去经风雨、见世面，促进其在市场竞争中不断调整完善、增强实力，仲巴县结合雅江源"果谐"文化旅游活动和"四讲四爱"主题教育召开珠峰霍尔巴羊推介会，不仅提高了产品知名度，还将地方文化特色融入到品牌价值中，增强了市场竞争力。聂康村养殖合作社通过延伸产业链条，将业务从畜牧养殖拓展到畜产品收购和粗加工，生产的天然酥油、风干牛羊肉、羊奶等有机牧业产品深受 219 国道过路旅客好评；通过抓住抵边优势，积极开展边境贸易、百货交易及活畜出口，既增加了合作社收益、减轻了群众负担，也有效避免了牧民和外来商人物物交易带来的弊端。

着眼长远，回馈社会。聂康村养殖合作社的成长过程经历了群众从怀疑观望到积极参与的大转变，除经济效益因素之外，运营中所发挥的生态效益和社会效益也起到了关键作用。合作社通过统一管理，有效回避了部分群众惜宰惜售等传统观念，增加了牲畜的出栏力度，促进了老弱畜的统一淘汰；通过科学规划经营，实现了草场的科学轮牧、休牧，有机肥料的播散和草场围栏的恢复；通过组织社员定期参与草场整治和沙化治理巩固草场承载力，保护雅江源的生态环境，促进了可持续发展。此外，合作社还承担了一些社会责任，例如，积极组织人员为孤寡老人社员上门赠送牛粪，解决其取暖问题；帮助孤寡老人、丧失劳动力人员整理院落卫生，帮助其生产生活所需。不难发现，多元化的功能回馈是聂康村养殖合作社基于健康发展和持续发展目标的内在衍生行为，在提高群众获得感、幸福感和安全感的同时，也进一步增强了合作社的向心力。

在聂康村，以合作社为主要载体的新型产业经营主体成为当地全面发展的动力内核，其关键在于，新型产业经营主体正逐渐嵌入乡村社会治理，并重构乡村治理的"生态系统"。之所以能够全面参与乡村治理，就在于新型产业经营主体本身作为利益共同体，以"经济业务"为手段，以"利益最大化"为目标引导农牧民进行有序选择和采取合理行为。我们不难预见，类似于聂康村专业合作社的新型产业经营主体也将会在未来的乡村振兴中为农业农村农民全方位发展提供充足的动能。

五、小结和讨论

聂康村当前取得的脱贫攻坚成绩仅仅是广大类似地区的一个微观缩影，透过聂康村，我们可以看到我国西部边境地区、高海拔地区、交通偏远地区、少数民族地区等传统集中连片落后地区在脱贫攻坚中正发生的伟大变化。

经过实地踏勘、入户访谈、资料收集与整理分析，课题组对聂康村脱贫攻坚典型调查有以下几点结论。

一是虽历史欠账多，但扶贫投入力度大。由于区位偏远，自然条件恶劣，地处高海拔区域且地域广袤，建设难度大、成本高，无论是在基础设施还是公共服务层面历史欠账多，导致社会经济长期落后。自脱贫攻坚以来，由国家主导、社会支持涉及聂康村的各类扶贫项目资金总额达1.3亿元，大力的扶贫投入正助推着聂康村"跑步前进"。

二是虽条件艰苦，但扶贫队伍组织得力。聂康村的扶贫干部多数来自于外地，很多干部克服高原缺氧、语言不通等不利因素，长期无假期坚守岗位。通过坚持党建引领，充分发挥党组织的平台建设优势，发挥党员的先锋模范作用，为各项工作的顺利开展提供了得力的人员队伍保障。

三是虽发展难度大，但扶贫产业精准。作为纯牧区村落，产业结构单一，传统牧业比重较大，是造成该地区经济水平落后、发展难度大的主要原因。该村成立专业合作社，探索采用"党支部＋公司＋专业合作社＋牧户"的运营模式，促进主导产业传统粗放经营向专业化经营转变，通过延伸产业链和统购统销，增加了收益，降低了风险。精准的扶贫产业和创新的运作模式不仅有效促进了全村产业发展、群众收入增加，同时还具备较好的政治效益、社会效益和生态效益。多元化的功能反馈为合作社赢得了口碑，收获了群众信任，为高质量、长效性脱贫以及未来实现乡村振兴夯实了基础。

当然，脱贫摘帽后，聂康村需继续巩固拓展脱贫攻坚成果，防止脱贫人口返贫。对于类似聂康村这类的高原边境藏区纯牧区村落来说，今后要实现乡村振兴仍然面临不少挑战。无论是产业发展还是基础设施与公共服务聂康村虽有较大改善，但较全国绝大多数村落而言仍然落后。同时，在维护国家安全稳定的背景下，确保藏区边境安全和民族团结任务仍然较重。因此，要维护边疆安全，改变藏区面貌，今后乡村发展与乡村治理的各项工作需要进一步加强，在政策、资金、项目以及人力的投入上还需持续发力，久久为功。

（本案例执笔人：李靖　蒋雨东　廖小舒）

发展产业是脱贫攻坚的坚实基础，也是长久之计。没有产业，就没有经济上的稳定后续来源，就没有真正意义上的脱贫。对于世世代代习惯于传统游牧生活的高原牧民们来说，自然条件的硬性约束、资金技术的匮乏以及既定思维和传统观念的束缚，是产业发展难以实现跨越的主要障碍。聂康村为确保当地群众能脱贫、能致富，脱贫攻坚以来，围绕新型经营主体建设，迈出了传统牧业改革的步伐。党员当先锋，村干部做表率，赢得了群众的信任和支持，按照"四个一点"的原则，以资金入股、牲畜入股的模式，注册成立了专业合作社。正是有了好的带头人、好的致富平台和正确的发展方向，村民们收入节节攀升，获得感幸福感显著增强，带来了牧区发展的新气象。截至 2020 年年底，聂康村专业合作社通过增资扩股，社员达到 160 户，总资产达到了 2706万元，全年实现总收入 1050 万元、纯收入 700 万元。聂康村专业合作社作为高原牧区产业发展的典范是值得大力推广的，类似地区在今后的乡村振兴中需要营造出更加积极的社会氛围，激活农村新型经营主体的发展动能，激发广大农牧民的内生动力，努力构建以产业改造提升为社会经济全面发展赋能的新格局。

（点评人：李靖，西南科技大学经济管理学院讲师、博士）

第六章

抓机遇兴产业
打造边境小康示范村

米林县邦仲村脱贫经验总结

邦仲村属于西藏林芝市米林县中部的米林镇，地处雅鲁藏布江南岸，紧邻林芝米林机场。海拔 2950 米，属高山高原气候。距林芝市政府所在地八一镇 60 公里，距米林县城 15 公里，是米林县远近闻名的"边境村"和"文明村"，也是米林县重点打造的边境小康示范村。为了客观记录脱贫攻坚工作、总结脱贫攻坚经验，2019 年 9 月，华中师范大学课题组来到邦仲村开展实地调研，与各级干部和群众进行了深入交流，在收集各类资料的基础上，完成了此报告。

一、脱贫攻坚战基期村庄概况

（一）人口与资源

1. 人口情况

邦仲村下辖邦仲、雪卡、热嘎 3 个自然小组，属藏族、珞巴族、门巴族、汉族共居村，大部分村民说藏语，也能说汉语。2015 年有 160 户 590 人，在西藏自治区属于人口比较多的行政村。

有劳动力 160 人（男性成年人才算劳动力），没有外出务工人员。贫困户 29 户 77 人，其中一般贫困户 6 户 18 人，低保户 13 户 48 人，五保户 10 户 11 人。

2. 资源情况

邦仲村海拔 2950 米，属高山高原气候，雨量适宜、气候温暖，两面都是大山，邦仲村就坐落在雅鲁藏布江冲积出的山谷平原上，土地相对平整。"米林"在藏语中意为"药洲"，拥有着极为丰富的中草药种类和良好的自然环境，生长有野生灵芝菌、天麻、玛咖，市场价都在每公斤 600 元以上。农牧业有青稞、小麦、油菜等，饲养牦牛、绵羊、山羊等。

邦仲村有耕地面积 6670.14 亩，2015 年时人均耕地面积 11.3 亩，林地面积 35.85 亩。林木、野生药材资源丰富，民族风情浓郁，区位优势较为明显。但由于思想观念比较落后、农牧户个体单干等因素，资源没有得到有效利用，经济发展水平不高，村民之间贫富差距较大。

（二）基础设施与人居环境

由于国家对西藏基础设施建设的大力投入，邦仲村在水、电、路、网、房等基础设施建设方面较为完善。一是道路较完善，交通较为便捷。2015 年时，邦仲村通有到乡镇和市县的公路，且毗邻林芝机场，交通较为便捷。村内主路已经硬化处理。二是生产生活设施相对完善。家家通有自来水和生活生产用电、互联网宽带等。三是村民住房较为安全。2007 年西藏实施农牧民安居工程，每家每户都开始新建房屋。每人补贴 2 万元，贷款免利息，全村绝大多数都住上了新房。但在医疗、教育和卫生设施方面相对薄弱。因为村落人口较少，村里没有幼儿园和小学，孩子们都到县城的学校上学。2015 年以前，村里没有卫生室，看病需要去县城。在饮水方面，3 个自然村均为接通的自然山泉水，未进行集中净化处理。村民家的厕所都是旱厕，没有卫生厕所。同时，垃圾和污水处理等基础设施建设方面存在一些短板。

（三）环境与生态

米林县素有"花谷药洲"的美誉，自然生态禀赋冠绝高原。境内不仅有世界第一大峡谷——雅鲁藏布大峡谷，还有"中国最美山峰"南迦巴瓦峰、"原生态秘境"南伊沟。2002 年机场建设后，人流、物流蜂拥而入，邦仲村开始出现白色污染上山、生活垃圾围村的情况，生活垃圾、建筑垃圾堆在路边，污染了环境，破坏了生态。

在村庄内部，2015 年以前，邦仲村村民人畜混居，导致院落里都是牲畜粪便，脏臭难闻。米林县环保局局长久美次仁说："毫不夸张地说，邦仲村过去就是一个大垃圾场，庭前屋后垃圾随处可见，不小心很容易踩上牲畜粪便，臭味数十米外都能闻到，进出村者无不掩鼻疾走。"

因为经济发展落后、村民生态保护意识薄弱等原因，很多村民以上山伐木为生，其中砍伐的不乏珍稀木种，古木大树，对自然生态造成了一定的破坏。而西藏生态环境脆弱，一旦遭破坏很难恢复。

（四）生计渠道

邦仲村村民一直以来主要靠伐木、农牧业为生，极少有人出去打工。因为交通、信息闭塞，村民的生计来源非常单一，村民发展内生动力不足，很多人成日喝酒，不愿意干活。2002年林芝机场开始修建，很多村民买了拖拉机或小货车，从事挖土运沙等工作，收入有了较大提高。随着交通条件的改善，村民的生计渠道和收入来源增多了，除了传统的农牧业外，许多人开始从事交通运输、沙石采集和水泥预制、商业饮食、工程承包、林下资源采集，经商和务工收入增加较快。农牧业包括种植青稞、小麦、油菜、玉米等，饲养牦牛、绵羊、山羊等。此外，还有政府的补贴收入，包括生态补贴和边民补贴。

一些孤残病弱、无发展能力的村民主要的生计渠道是政策补贴和农牧业生产，他们收入很低、生活较困难。

（五）贫困状况

2015年，邦仲村有建档立卡贫困户29户77人（其中一般贫困户6户18人、低保户13户48人、五保户10户11人）。建档立卡贫困户的致贫原因主要有：缺乏劳动技能而致贫、缺乏致富门路致贫和因病致贫等。

全村建档立卡户人均纯收入为3633.51元，其中，经营性收入813.67元，占比22.4%；转移性收入2720.48元，占比74.9%；财产性收入99.36元，占比2.7%；工资性收入0元，占比0%。

二、脱贫攻坚投入与建设

（一）资金投入：数量、来源、投向

2016 年至 2020 年间，邦仲村累计使用财政扶贫资金 152 万元，用于解决贫困户的"两不愁三保障"问题。2016 年投资 1350 万元，在热嘎小组以每亩 1300 元的价格流转土地 198 亩，建成"菜篮子"工程。2017 年 6 月，广东省决定给林芝市追加计划外援藏资金 3.04 亿元，建设 8 个边境小康示范村，邦仲村便是其中之一，项目按人均 10 万元的标准进行建设，邦仲村获得 6050 万元的投资。同时，邦仲村还加大招商引资力度，成功引进了由珠海华发集团和苏州天环集团投资 14.7 亿元建设的机场商贸物流园区、由珠海美光源科技和深圳登喜路集团投资 15 亿元建设的江心岛生态农旅文化科技园。其中江心岛生态农旅文化科技园是广东省第八批援藏工作队重点招商引资项目。

（二）脱贫攻坚主要措施

脱贫攻坚以来，邦仲村借助外部发展机会，投入大量资金，实施精准扶贫，主要措施有：

1. 因户施策，做到精准扶贫、动态调整

邦仲村通过精准分析导致贫困的原因，因户施策落实脱贫政策。在镇脱贫攻坚指挥部的领导下，结合贫困户的实际情况，制定了安置就业、发展集体经济、合作社结对帮扶、购置家具、易地搬迁、购买牲畜发展养殖业、新建或维修房屋、教育救助和社会兜底等针对性极强的帮扶措施，对贫困户进行精准施策，取得

了非常好的效果。

2. 加强基础设施建设、改善人居环境，推动生态宜居

2015 年以后，邦仲村加强生态宜居建设，在环境整治、垃圾处理、人畜分离、生态保护方面做了大量工作。

一是加强生态监管力度。邦仲村实施生态全面监管，设置了村级生态管护员、环境监督员、水源地保护员岗位。结合"河长制"的实施，加强了对村庄卫生、饮用水源地的巡查监管力度，全力打击林木盗采盗伐、雅江鱼的盗捕，严格执行虫草采集许可制度。

二是打造卫生宜居农村。本着安居乐业的需求，结合建设美丽乡村的需要，邦仲村大力实施道路硬化、围墙改造、雨污分流、卫生厕所改造并进行人畜分离等工程，建立了"双联户清理分类—村收集—乡（镇）转运—县处理"的垃圾转运处理模式，实行卫生综合治理评比和"四监督四落实"制度。村里制定了由联户长分区域负责 10 到 15 户家庭垃圾分类、收集、清理工作的制度，卫生不达标者，每月的卫生综合评比既要扣分，还要对其进行一定程度的经济处罚。村两委班子从低保户中聘用了 5 名保洁员和卫生监督员，每天准时清理和监督全村的卫生状况。

三是以生态绿化为抓手，对邦仲村"两江四河"流域进行造林绿化。在"两江四河"种植旱柳 20401 株，造林面积达 239.2 亩。率先打造村内"桃花大道"，发展乡村旅游、民俗客栈，让外地游客下飞机就能体验民俗、欣赏桃花、享用藏餐、住宿休闲等成套的旅游服务。

3. 推动产业发展，壮大集体经济，带动贫困户脱贫增收

邦仲村按照"屯兵安民并举"总体安排和部署，围绕米林镇"一带、两园、三大基地"产业发展总体布局，着力构建"235"产业发展新格局①。在推进边境小康村建设的过程中，邦仲村充分依托毗邻机场、219 国道和即将建成的川藏铁路拉林段的交通优势，着力以"旅游、藏医药、高原现代农业、商贸物流"四大产业体系为载体，积极融入项目施工建设，通过产业发展不断带动村集体经济发展，实现了产业发展和村庄建设的融合和互补，村民通过投工投劳、土地流转、入股分红等方式增加收入。如江心岛田园综合体依托该村的土地资源、交通便利和气候适宜的条件，建设集现代种植、休闲观光、采摘体验及康养度假于一体的全国领先的现代田园综合性示范园区，村民可以通过流转土地和务工获得收益。

2015 年以来，邦仲村致力于推动产业发展，总共建立了个体性经营组织 8 个，其中红太阳科技示范农场、热嘎村"菜篮子"工程、亚登藏药材种植合作社、邦仲黑木耳生产基地等项目经济效益显著。同时，在集体经济发展方面，通过与贫困户对接，发挥集体经济在资金、技术、市场等方面的优势，为贫困户提供技术、市场等支持，贫困户以土地流转、提供劳务等方式加入合作社和公司，公司发挥技术培训、市场化管理等方面的优势，实现双方优势互补，互利共赢。

邦仲村红太阳科技示范家庭农场负责人尼玛，是一名只有小

① 即围绕"两大园区"，依托"三位一体"交通，着力构建"五大产业群"：2 即机场商贸物流园区、江心岛生态农旅文化科技园区；3 即铁路、高速公路、机场；5 即现代物流运输产业、民俗庄园生态旅游产业、藏药材种植产业、高原特色农产品种植、配套服务产业。

学文凭的地地道道的农村人，2007 年以前，他还是一名贫困户，全家居住在仅有 23 平方米的板坯房内，家庭年人均纯收入不足 1500 元。一次偶然的机会，他参加了政府组织的科技培训，认识到科技的力量，开始刻苦学习如何种植灵芝菌。2012 年 9 月，在米林镇政府的帮助下，尼玛创办了米林镇红太阳科技示范家庭农场。经过艰苦的探索，他不仅掌握了一整套关于灵芝菌的种植经验，从此走上了富裕的道路。2020 年灵芝产量达 2 万斤，比上年增加了 2.3 倍。农场收入达 600 万元，纯利润达 100 万元，兑现劳务工资 240 余万元。2020 年下半年，新建 300 余作温室大棚用于种植灵芝，农场管理种植灵芝种植面积达到 800 亩，种植基地将辐射米林县 4 个乡镇 9 个种植基地。2021 年产能将达到 6 万斤。尼玛在自己富裕的同时，时刻不忘帮助带动其他群众增收致富。2016 年，向 15 户贫困户发放结对帮扶资金 3 万元，2017 年，向 15 户贫困户发放结对帮扶金 3 万元，发放慰问金 1.2 万元，向一直帮助的贫困户次仁提供 1.1 万元用于修建伙房，资助贫困户旺久 3800 元用于购买生活用品。2018 年为带动贫困户的 2 个藏药材种植合作社免费提供价值 8 万元的灵芝菌袋。2019 年，向 21 户贫困户发放结对帮扶资金 5.25 万元，带动试点合作的 2 家合作社增收 6.4 万元和 1 个村集体（邦加村）增收 2.4 万元，帮助 1 户贫困户增收 6000 元。2020 年为困难户捐款 5000 元用于治病，向 21 户结对帮扶贫困户发放帮扶金 6.6 万元，帮助 2 个村集体 5 个村集体增收 100 万元。

邦仲村农牧民科技特派员、科技致富带头人巴桑，多次赴内地考察培训后，于 2012 年年底，投资 42 万元（其中县政府扶持 10 万元，自筹 32 万元）在邦仲村创办黑木耳生产基地，该基地吸纳本村及周边的贫困户、闲散劳动力 20 余人从事黑木耳种植，每年兑现工人工资 11 余万元。2016 年，基地带动 2 户建档立卡贫困户共计增收 7000 元。2017 年带动 1 户困难户增收 5000 元。2018 年，基地免费为 2 户贫困户提供土地、菌包、大棚、技术等，在黑木耳长成后，以 70 元 / 斤（干木耳）的价格回购木耳，每户年增收 7000 元。

4. 加强教育和医疗，提升补助标准

邦仲村村民的教育和医疗得到了较好的保障。2015 年之前，西藏自治区已经普及了农牧民子女"三包"政策，即学前至高中 15 年学费、住宿费和生活费"三包"。2018 年提升标准后，邦仲村的补助标准为：学前教育阶段每人每年 3320 元；义务教育阶段每人每年 3820 元；高中教育阶段每人每年 4320 元。学前教育免收保教费、交通费、杂费等，同时免费提供幼儿读物等，幼儿在园期间可自行享受该政策，不需申请。义务教育阶段免费提供教科书及定量作业本，免费配发汉语字典。同时，内地西藏班学生资助政策资助内地西藏班（校）初中、高中所有在校学生。资助标准为年生均 4500 元，其中进出藏交通补助费 1000 元、生活费 2640 元、医疗费 250 元、装备费 150 元、服装费 150 元、其他费用 310 元。农牧区义务教育学生营养改善计划，资助标准为每生每天 4 元，全年按 200 天核定，即每生每学年 800 元。建档立卡贫困户家庭的学生，额外享受交通补贴等多项优惠政策。脱贫攻坚以来，已累计为邦仲村的贫困户大学生发放各类助学金、奖学金 21 人次，共 9.38 万元。在医疗保障方面，贫困户住院医疗，可享受先诊疗后付费、一站式结算政策。住院报销标准为：在县

内乡镇卫生院住院治疗的，可从新型农村合作医疗大病统筹基金中报销 90% 的住院治疗费，县医院住院报销比例为 85%，县城以外的对口医疗机构住院报销比例为 65%。

5. 探索发展"双联共建"边境党建工作模式，扎实推动扶贫工作

在党建工作中，邦仲村以团结带领全体村民致富奔小康为目标，以边境地区繁荣稳定为宗旨，探索创新实践"支部联党员，党员联群众，军民共建"的"双联共建"边境党建工作模式。通过联建模式，支部联系党员，使支部更好地团结了党员，为党员建立了发挥先锋模范作用的平台。党员联系群众，实行"一对一、一对多"联建模式，党总支在每年 10 月底召开党员大会开展联建工作，经全村党员大会表决通过，采取自愿自选的原则进行联建。要求每名党员至少联系 2 户群众。党员主要负责宣传组织、教育引导群众跟党走、感党恩，积极向群众宣传新的发展理念和政府的政策，帮助群众提升技能，共同发展致富。同时，听取所联系群众对村发展的意见和建议，党员联系群众作为矛盾纠纷排查化解的"第一道关口"，及时了解所联系群众的各类矛盾纠纷，协调各种关系，妥善处理化解各种矛盾。军民共建，是军民双方围绕优势互补、以共建共赢实现繁荣稳定为目标。当地驻军发扬传统为邦仲村进行了多层次的帮扶和共建，开展扶贫帮困、治安巡防、环卫整治、公益服务等多种活动。村民一方面与部队一起发挥守边固边作用，另一方面通过共建这个有效载体为部队提供坚强的后勤保障。

三、脱贫攻坚成效

（一）收入及其构成的变化

脱贫攻坚以来，邦仲村村民收入得到了显著提升，收入结构也得到了优化。截至 2018 年年底，通过从事运输、合作社与生产基地带动、政策补贴、政策兜底等手段，贫困户收入较精准扶贫以前有了较大提高，利用卫生监督员、水管员、护林员、环保岗位等公益性岗位，实现 12 户贫困户稳定增收。同时，通过购买家具、新建房屋、维修装修房屋、庭院美化等措施有效改善了建档立卡贫困户的生产生活环境，通过从事运输、"能人＋、合作社＋"带动、政策补贴、政策兜底、土地流转、发展村集体经济等措施有效提高建档立卡贫困户的收入。2018 年，建档立卡户人均纯收入达到 23623.9 元，其中工资性收入 7000 元占比为 35.59%，转移性收入 7329.92 元占比为 37.27%，财产性收入 1232.87 元占比为 6.27%，生产经营性收入 8061.11 元占比为 40.99%。工资性收入从 2015 年的 22.4% 上升到 35.59%，转移性收入由 2015 年的 74.9% 下降至 37.27%，财产性收入从 2015 年的 2.7% 上升至 6.27%，生产经营性收入由 2015 年的 0% 上升至 40.99%。

表 6-1　农户收入及其构成情况表

观测指标	单位	2015 年观测值	2018 年观测值
贫困户生产经营性纯收入	元	2308.02	19669.01
贫困户工资性收入	元	813.67	7000
贫困户转移性收入	元	2720.48	7329.92

表 6-1　农户收入及其构成情况表

观测指标	单位	2015 年观测值	2018 年观测值
贫困户财产性收入	元	99.36	1232.87
贫困户生产经营性收入	元	0	8061.11

（二）基础设施及人居环境的变化

2017 年开始实施边境小康示范村建设，修了十余里的村级公路。2017 年至 2018 年年初，邦仲村紧紧抓住广东援藏投资 6050 万元建设边境小康村建设的新机遇，加大基础设施建设与升级，扩宽联户路，建成 1 个新村卫生室、村级活动场所 2 处（包括一个 400 平方米文化广场）、太阳能路灯多盏。2018 年，实行"人畜分离"，建设集中的牲畜养殖圈，成为米林县住房实现人畜分离的第一村。推行"厕所革命"，全村卫生厕所 100% 覆盖。安装净水器，群众安全饮水保障率 100%。建设雨污分流管、垃圾处理站、排水沟等，提升了村容村貌，人居环境得到极大改善。

图 6-1　村内的联户路

随着边境小康村的建成，邦仲村实现了"饮水进了家、厕所修进家、网络迁进家、道路修到家、人畜分了家"，村落变得更加干净整洁，村民的文化生活变得更加丰富。

（三）公共服务的变化

该村现有公共服务设施较完备，服务水平较高。村内有1个卫生室，设置1个全科医生。卫生室有诊疗设备、药品柜、输液设备、病床等，医疗设施较完备，实现了"小病不出村"。全村30余名适龄儿童全部在多卡中心完小就读，入学率达100%。村有便民服务中心，内有活动室1处、篮球场2个、图书室1个、健身房1个、儿童活动室1个，均于2017年年底2018年年初建成。

图 6-2 文化广场

（四）人居环境与生态的变化

2017年邦仲村依靠广东援藏投资的6050万元，加大基础设施建设与升级，在水、路、房、卫生、生态方面进一步提升。一

图6-3 民宿外观

图6-4 人居环境

是推行"人畜分离"、修建"卫生厕所"、安装净水器，建设雨污分流管、垃圾处理站，打造村内"桃花大道"，极大地改善了人居环境和村容村貌。二是建成新村卫生室、活动场所、图书室、儿童活动室，太阳能路灯等，进一步丰富村民文化生活，提高了村民的幸福感。三是实施生态全面监管，建立了完善的垃圾转运处理模式，实行城乡卫生综合治理评比和"四监督四落实"制度，保障了卫生环境的持续维护。

（五）村级治理能力的变化

首先，在村级组织建设方面，邦仲村目前有党总支部1个，党支部3个，党员70人（其中预备党员1名）。村两委班子成员6人，均为党员，其中，妇女干部1人；文化程度方面，小学3人，初中3人，大学1人；年龄结构方面，31—40岁1人，41—50岁2人，51岁以上3人。

其次，在集体经济发展方面，2018年村集体经济共收入

1161.6 万元，其中机场商贸物流园土地出让收入 595.6 万元，土方回填共收入 1565 万元。其中，支付群众运输机械费用 599 万元，群众参与分红 400 万元，村集体剩余 565.9 余万元。

最后，在村庄治理方面，邦仲村的村级治理能力和水平得到显著提升。邦仲村探索创新实践了"支部联党员，党员联群众，军民共建"的"双联共建"边境党建工作模式。通过加强党建工作，邦仲村深入推进了"平安邦仲""法治邦仲"建设。近年来，全村无重大刑事案件，无重大火灾事故，无越级集访、上访事件，无因矛盾激化引起的民转刑，全村社会政治稳定，群众生活安全有序，多年被评为"米林县平安村"，村级治理能力得到加强。而在"双联共建"的过程中，村民的参与意识逐渐增强，参与程度得到提升。随着村庄基础建设和环境的优化、村集体经济的壮大，村民的主人翁意识加强了，在生态保护、环境卫生维持方面积极主动加入村庄的建设中来，为村庄的建设献策出力。

（六）内生动力及乡风文明的变化

激发内生动力方面，通过产业覆盖和产业带动，促进贫困户的就业，激发贫困户的脱贫致富动力。主要做法是：积极促进村集体通过集体土地入股、参与建设、工程承包、提供配套服务和培训就业等途径，以及构建固定分配和二次分配相结合的创新模式，推进村居建设和产业发展融合。

在村风文明建设方面，把村风文明建设工作与党建工作相结合，充分发挥党员模范带头作用。一是拓宽建设载体。深入开展推进"两学一做"学习教育常态化、制度化，开展新旧西藏对比群众教育活动，开展村支部党员、驻军党员主题党日和国防教育

图6-5 红歌比赛

等联谊活动，提升乡村文明水平。二是丰富文化生活。依托村文化广场、农家书屋、宣传栏、远程教育等平台，组织开展形式多样的文化活动和科学文化知识普及活动。同时，在村中开展禁赌、禁毒等活动，提升村民崇尚科学文明健康的生活方式。三是营造良好氛围。坚持以社会主义核心价值观为引领，把反对铺张浪费、反对婚丧大操大办作为邦仲村精神文明建设的重要内容，推动移风易俗，树立文明村风。同时，用身边人、身边事教育群众，在村里开展"文明家庭"评选活动。

（七）贫困面貌的变化

经过几年的努力，该村贫困面貌发生明显变化。2016年邦仲村退出贫困村，2018年，顺利通过国务院扶贫办组织的贫困退出检查评估，贫困发生率由18.1%降低到0%，全村建档立卡贫困户全部实现脱贫摘帽。水、电、路、网等突出短板得到补齐，吃穿不愁基本解决，城乡居民基本医疗保险、大病医疗保险实现全覆盖，无义务教育阶段因贫失学辍学问题，住房安全得到有效保障。

目前，邦仲村 177 户人家都统一修建了美观的现代化藏式民居新房。整齐的藏式院落、纵横交错的水泥路，崭新的幼儿园、现代化的商铺、家家房顶上飘扬着五星红旗，展现出这个新型乡村的新面貌。村民自豪地说："我们不但要建设好家园，还要替祖国守护好国土，玉麦的卓嘎姐妹是我们的榜样。"

四、脱贫攻坚典型经验

（一）探索党建新模式，夯实基层党组织战斗堡垒

实践证明，坚持党的领导、加强党的建设是保障各项事业顺利推进的重要保障。在精准扶贫战略中，党建扶贫是工作的重点，也是精准扶贫战略核心引擎式的存在，以党建促脱贫具有将贫困治理、社会治理整合一体的制度优势[1]。农村基层党组织建设与脱贫攻坚战略具有天然的耦合效应，对于打赢脱贫攻坚战，实现贫困地区与全国同步全面建成小康社会都极具重要的现实意义[2]。基层党组织是党的全部工作的基础，是整个党的组织体系的重要基石。脱贫攻坚以来，邦仲村大力开展基层党组织核心能力提升工程，探索创新实践"支部联党员，党员联群众"的"双联"党建工作模式。同时，加强学习和检查，吸纳村庄能人，以不断提升村干部履职能力，夯实基层党组织战斗堡垒，发挥党员

---

[1] 孙兆霞：《以党建促脱贫：一项政治社会学视角的中国减贫经验研究》，《中国农业大学学报（社会科学版）》2017 年第 5 期。
[2] 龚晨：《农村基层党组织建设与脱贫攻坚耦合效应提升探论》，《行政与法》2017年第 3 期。

的先锋模范作用。

1. 支部联党员、党员联群众的"双联"工作模式

基层党组织组织能力的强弱直接关系到脱贫攻坚战略的成败，要想打赢这场艰巨的脱贫攻坚战，就必须充分发挥农村基层党组织在脱贫攻坚中的领导作用。为了更好地团结全村党员同志，抢抓发展机遇、凝聚发展共识、提升发展能力，发挥党员的先锋模范作用和领头军的作用，邦仲村采取了支部联党员、党员联群众的联建工作模式。

支部联党员。邦仲村通过"支部联党员"的工作模式为党员建立了发挥先锋模范作用的平台，充分履行带头学习提高、带头服务群众、带头遵纪守法、带头弘扬正气、带头争创亮点的"五带头"作用。同时，邦仲村党支部十分重视支部的凝聚力建设，通过不断的教育和学习，全村的党员紧紧围绕着党支部，形成一股强大的向心力。党员们积极为村集体经济发展、小康村建设、

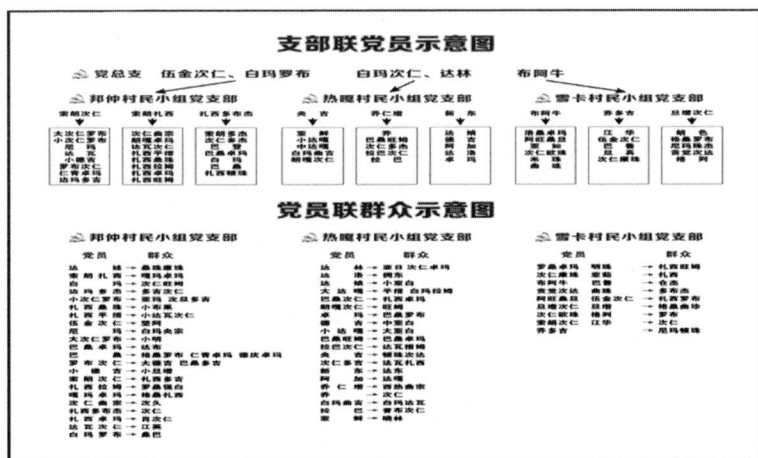

图6-6　支部联党员示意图

产业发展等献言献策，在脱贫攻坚战略和村庄的发展中发挥着明显的作用。

党员联群众。邦仲村党总支在每年 10 月底召开党员大会开展联建工作，经全村党员大会表决通过，采取"一对一、一对多"联建模式，遵循自愿自选的原则进行联建，使每名党员至少联系 2 户群众。党员向所联群众积极宣传国家政策，带领群众学习脱贫致富的技能，通过先进带后进的方式实现整村脱贫致富。同时，党员还积极地听取所联群众的意见和建议，及时了解掌握信息，协调关系，妥善处理和化解各种矛盾，有效地维护了村庄的和谐稳定。

2. 发挥能人治村的优势，培养村干部致富带头人

村干部处在农村工作的第一线，是党员群众中的"主心骨"，脱贫奔小康的整个攻坚战略布局都要在村一级进行贯彻落实，因此村干部这一角色处于十分重要的位置。随着农村经济的改革与发展，新兴农村经济能人迅速崛起并积极参与基层政治生活，甚至主导或主政村庄治理。一些经济能人主政后，将经济运作中的经营理念引入村庄治理领域，以经营村庄为村庄治理的核心理念，以创业发展为村庄治理的工作重心，建构起独特的经营性治理模式 [1]。这些在社会上通过自身能力取得经济成就的能人，无疑是村民脱贫致富过程中重要的引路人，若村干部队伍能吸纳这些能人，将会使全体村民获益。为了保证脱贫攻坚各项战略稳步推进，邦仲村优先考虑推选村庄的能人组成村两委班子，发挥能人治村的优势，带领村民脱贫致富。

---

[1]　卢福营：《论经济能人主导的村庄经营性管理》，《天津社会科学》2013 年第 3 期。

伍金次仁和白玛罗布早年在村庄内开设砂石场，一跃成为村庄里的能人大户，他们通过自身努力取得的经济成就彰显了他们的才能，得到了村民的尊重与信任。近年来，以伍金次仁同志为村支书，白玛罗布为村主任的村两委班子得以组建，并不断吸纳村庄内高素质的村民成为村级党支部成员，使邦仲村党支部的成员能力素质明显提升，结构明显优化，基层组织的战斗力、凝聚力、号召力明显增强，为邦仲村脱贫攻坚战略的顺利进行提供了重要的组织保障。

目前，村两委班子成员共有 6 人，全村共有党员 70 名，其中预备党员 1 名。为了进一步提升村两委班子的办事能力，邦仲村的党员干部不断加强学习，提升村干部履职能力、发挥党员先锋模范作用，提升全村党员群众整体素质，邦仲村成立了以村党总支书记为组长，各村小组党支部为分组组长的学习领导小组，坚持以"村干部带头学、党员抢先学"的方式，不断扩大学习覆盖面，并广泛开展学习经验交流，分享心得体会。通过不断的学习，不仅有效提升了村两委班子的办事能力，还促进了基层党建和基层治理的有效联动。邦仲村的基层党组织建设成果显著，战斗堡垒作用发挥明显，得到了上级党委、政府部门的充分肯定，党建工作获得了 2015 年度、2016 年度、2017 年度县先进基层党组织、2016 年度镇先进党支部等多项荣誉。

（二）善抓机遇兴产业，多措并举促脱贫

脱贫攻坚离不开产业脱贫的支撑，作为精准脱贫的关键，产业脱贫将"输血式"脱贫转换为"造血式"脱贫，将"开发式"

脱贫转化为"参与式"脱贫，从而增强贫困地区内生发展动力[①]。要实现长效脱贫，产业发展是重要保障。在邦仲村的脱贫攻坚战略实施过程中，产业脱贫是助推脱贫攻坚的重要内容。借助村庄自身优势及发展的各项机遇，村两委班子依托其强劲的号召力，大力发展村庄集体经济，鼓励村民创业并引进企业，依靠产业脱贫致富取得了明显的成效。

1. 打造坚强村委班子，强集体富村民

发展农村集体经济一直是人民公社解体后农村经济发展的重要命题，它能增强村庄集体经济实力，实现贫困户稳定增收，是贫困村脱贫再造的关键[②]，为脱贫攻坚提供有力的支撑。脱贫攻坚以前，邦仲村村集体收入基本为零，是典型的"空壳村"。2002 年林芝米林机场开始动工建设，因邦仲村距离机场仅 2 公里，有几户村民则自购运输车辆，为工地运输材料以挣取收入，而其他村民则依旧以种植业和伐木为生，村庄内的贫富差距逐渐拉大。为了有效地带动全体村民脱贫，缩小贫富差距，村委商议决定打造"产业型"村委班子，组建"邦仲村运输队"，以村庄集体的名义对机场的运输工程进行承包。运输队由村集体来统一管理，村民可依据自身的资源和能力为运输队提供服务，运输队则依劳动项目和工时为村民们支付报酬。这样一来，既改变了之前单兵独将的一盘散沙的现状，形成了规模效应，使得村庄的整体收益提升，因装卸的人力需要，还为其他村民提供了就业机会，

---

① 陈业宏、洪婷婷：《产业脱贫策略选择与政策评估——以贵州省 T 市 W 区旅游产业脱贫为例》，《学习与实践》2020 年第 7 期。

② 马超峰、薛美琴：《村集体经济再认识与集体经济再造——来自浙江省 126 个集体经济薄弱村的调查》，《经济与管理》2015 年第 1 期。

增加了村民的收入，使得村庄的贫富差距逐渐缩小。同时，因运输工程是由村集体来统一承包和管理的，除去人工工资等成本后的收入归村集体所有，壮大了村集体经济。在与村主任的访谈中我们了解到，"邦仲村运输队"仅 2017 年一年时间就为村集体增收 1000 万元，经村民大会决定，按照每户 1 万元、每人 900 元的标准，将村集体收入面向全体村民进行分红，分红总额达 400 多万元。

"邦仲村运输队"的成功实践增强了村干部及全村村民的信心。2019 年村委会借助政府整合砂石场的机会，将村里私人经营的砂石场进行统一整编，以集体经营、村民自愿入股的形式成立公司进行运营，目前已初见成效。

2. 用活企业资源，因地制宜发展特色产业

龙头企业作为新型农业经营主体的重要组成部分，是构建现代农业产业体系、生产体系、经营体系的重要参与者、贡献者和引领者，也是推进农业产业化经营的积极践行者和引领者。农业龙头企业具有资本、技术、人才等优势，是提高农业组织化程度、推动农业升级转型和带动农民就业增收的中坚力量[1]。如何用活企业资源，发挥龙头企业的引领和带动作用，是产业脱贫的重要一环。对此，邦仲村结合区位、交通等优势，立足于村庄特色，抓住发展机遇，按照"政府搭台，企业唱戏，村民参与"的模式，在引进外来企业的同时，注重培养本村的致富能手，并鼓励他们开办企业，由此带动邦仲村的建设和发展，实现了产业发展和村

---

① 王兴国、王新志：《农业龙头企业扶贫的理论阐释与案例剖析》，《东岳论丛》2017 年第 1 期。

庄建设的融合和互补，带动了村民脱贫增收。

首先，引进外来企业助推本地发展。在西藏全域旅游的发展战略推动下，米林县加快产业融合发展步伐，增强产业发展带动能力，构建旅游、藏医药、高原现代农业、商贸物流四大产业体系，打造林芝机场商贸物流园、米林江心岛农业科技示范园和米林藏（中）医药产业园三大产业园。邦仲村紧邻林芝市米林机场，占据地理优势和交通优势，积极融入林芝机场商贸物流园和米林江心岛农业科技示范园项目施工建设，并号召村民将土地出租和入股江心岛。目前，江心岛总投资达到14.4亿元，全村的土地入股可以得到5%的股份。同时，村民们不仅可以拿到分红，园区还可为部分村民提供就业岗位，带动村民增收。除了江心岛项目以外，邦仲村还开启"菜篮子工程"，引进湖北一家企业入驻，企业按照1300元一亩的价格流转村民的土地，建起大棚种起了蔬菜瓜果，并就地聘请流转了土地的村民为工人，为他们统一提供种苗和技术。这样，村民们依旧在自己的家门口劳作，但是却多了土地流转费和工钱两项收入。目前，菜篮子工程已在全村流转土地达200余亩，带动43户就业，户均增收5984元。

其次，培养本村致富带头人。由于独特的气候条件，邦仲村盛产灵芝、天麻等藏药材，品质优良，极受市场欢迎。在当地政府和村干部的帮助下，邦仲村村民尼玛成立了米林县红太阳科技示范家庭农场，主营藏药材及经济作物种植。该农场现建有菌种培养室1800平方米，工人住房120平方米，有78个温室大棚，农场生产的灵芝菌包、天麻种子在日喀则吉隆县、昌都市农牧局、林芝市等9县（区）40个村销售推广。农场免费对周边群众进行灵芝、天麻种植技术培训，农场培训100余人次，接待区内外学习交流团 2000 余人次。带动 21 户建档立卡户，年户均增收 3000 元，2020 年，农场为 22 户建档立卡户发放结对帮扶资金 66000 元，带动村集体增收 50 余万元。2012 年至今，尼玛多次被各级政府评为"优秀个人"和"优秀党员"；2015 年 6 月被评为全国科普惠农兴村带头人、2016 年 7 月获自治区优秀共产党员称号、2017 年 7 月获自治区优秀共产党员称号、2019 年被授予"自治区劳动模范"、2021 年 2 月 25 日被评为全国脱贫攻坚先进个人。其农场也在 2016 年 4 月被评为林芝市 2015 年度农牧民专业合作社示范社。在未来，尼玛决定将农场建成涵盖品种培育、种子种植、药材收购深加工、网络营销、实体店销售为一体的产业链，逐步打造具有"药洲"品牌的龙头企业。

（三）争取资金转观念，改善生态共建小康村

生态扶贫是脱贫攻坚的重要内容和任务要求。在"两山理论"的指导下，生态扶贫可以通过合理可持续地利用生态资源发展生态产业，将"绿水青山"变成"金山银山"。[1] 实质上，生态扶贫工作不仅是脱贫攻坚的重要内容，也是我国全面建成小康社会中生态文明建设的重要内容。通过生态扶贫工作打造一个宜居的村庄环境不仅是脱贫攻坚的内在要求，也是与乡村振兴有机衔接的重要途径。生态文明建设实现新进步、国土空间开发保护格局得到优化、生产生活方式发生绿色转型、生态环境持续改善，生态安全屏障更加牢固是未来发展的主攻方向之一。在脱贫攻坚战略打响之前，由于邦仲村垃圾处理的基础设施投入不足，制度不完

---

[1] 胡钰、付饶、金书秦：《脱贫攻坚与乡村振兴有机衔接中的生态环境关切》，《改革》2019 年第 10 期。

善，农牧民维护生态环境意识不高，严重制约了村庄垃圾治理工作和经济社会的可持续发展。在脱贫攻坚工作进程中，邦仲村积极响应国家的相关号召，加强了人居环境的治理，在生态建设方面取得了显著成效，如今已是远近闻名的边境小康村。

1. 积极争取对口帮扶资金，升级完善基础设施

按照国家关于对口支援西藏的工作部署，2016年7月，广东省开始了整体性地对口支援林芝市。2017年6月，广东省给林芝市追加计划外援藏资金3.04亿元，用于改善村庄的基础设施，建设8个边境小康示范村。邦仲村积极争取，成为了8个边境小康示范村之一。该项目按人均10万元标准进行建设，邦仲村共获得资金达6050万元。

有了这笔资金的支持，邦仲村的基础设施得到很大改观。其一，在道路方面，加宽了原来的通村公路，并为家家户户修建并硬化了入户路；其二，在村内修建一个公共厕所和一个文化广场；其三，在网络通信方面，实现了家家通电话、通宽带；其四，实施雨污分流工程，开启垃圾综合整治；其五，实施人畜分离计划，在村后修建网围栏，将村里的牛羊放归南山，改变牲畜粪便随处可见的状况；其六，对村内的老旧房屋进行返修或重建，改善村民的居住环境。如今，邦仲村实现了"饮水进了家、厕所修进家、网络迁进家、道路修到家、人畜分了家"，人居环境得到了极大改善，村容村貌焕然一新。

2. 实施"联户分区"制度化管理，激发群众内生动力

从长远来看，人居环境的改善和维护依靠的是"人"的力量，要打造"美丽邦仲"的根本方法只有激发群众的内生动力，让其养成良好的卫生习惯，自觉共同维护村庄环境。为此，2014 年以来，在县委县政府的号召下，邦仲村发挥"双联"的机制优势，建立了"双联户清理分类—村收集—乡（镇）转运—县处理"的垃圾转运处理模式，开始实行城乡卫生综合治理评比和"四监督四落实"制度。

这种联户分区的管理制度按面积大小划分村庄区域，由联户长分区域负责 10 户到 15 户家庭垃圾分类、收集、清理工作。同时，村两委班子还从低保户中聘用了 5 名保洁员和卫生监督员，每天准时清理和监督全村的卫生状况。为了进一步培养村民的环保意识，邦仲村还制定了相关的评比制度，按月对村庄的卫生环境进行综合评比，对于卫生不达标者，既要在评比中扣分，还要对其进行一定程度的经济处罚。如按照相关规定，实施人畜分离制度之后，村民家的牲畜不准进入村庄，而如果村民违反了规定，则该村民和联户长都将面临 50 元的罚款。通过这一系列制度化的管理模式，不仅使村庄的环境得到了有效维护，也激发了村民的内生动力，培养了村民讲卫生、爱护村庄环境的责任意识。

3. 坚持红利共享，实现共建共享共治

着眼让广大农牧民群众共建共享共治，邦仲村党支部大胆探索创新发展集体经济的办法，建立健全了"全民参与、红利共享、监管有力"的管理运营制度。发展集体经济激发农牧民群众积极性、主动性、创造性至关重要，避免"干部干、群众看"和"等靠要"现象。村党支部引导农牧民群众主动参与，激发主人翁意识，凝聚集体经济发展合力。积极探索集体经济多种发展模式，努力将区位、资源、土地等要素转化为经济优势，改变集体经济

"空壳"状态。

做到村（居）集体与群众利益并重、滚动发展与让利群众相结合，优化村集体经济收益分配，在确保集体经济滚动发展的基础上，既做大"蛋糕"又分好"蛋糕"，带领农牧民群众共同致富增收。米林镇邦仲村 2018 年集体经济收入达 1500 余万元，村党总支按照 30% 比例让利群众帮助户均增收 1.2 万元，让农牧民群众共享集体经济发展红利。

五、小结和讨论

邦仲村按照"屯兵安民并举"总体安排和部署，真正实现了"山这边"比"山那边"好的号召，为我国全面打赢脱贫攻坚贡献了一份力量。国防安全是社会主义现代化的前提和基础，邦仲村以脱贫攻坚保稳定、促发展的工作不仅具有经济意义，还具有重要的政治和军事意义。邦仲村抓住小康村建设新机遇，重新构建产业发展新格局，以团结带领群众致富增收奔小康为核心，助推边境区域同步发展、实现了稳定与繁荣并举。邦仲村脱贫攻坚取得的成功告诉我们，只要加强基层党组织建设，充分发挥基层党组织的战斗堡垒作用，就能抓住发展机遇，就能使村庄贫困面貌得到根本改变。"抓住机遇，乘势而为"是邦仲村成功的一条重要经验。

"抓住机遇。"这个机遇是政策机遇，也是产业发展机遇。政策机遇体现在国家实施"神圣国土守护者、幸福家园建设者"战略，邦仲村牢牢把握加快边疆发展、确保边疆稳定、边境安全这条主线，以边境地区繁荣稳定为宗旨，积极探索经济发展之路。

产业发展机遇在于林芝机场的建设，邦仲村原来是经济薄弱村，没有集体经济，由于机场建设的带动效应，该村获得了经济发展良机。

"乘势而为。"邦仲村之所以能做到乘势而为，是由于基层组织战斗堡垒作用的发挥使该村认清了政策形势和村庄当下的发展形势，而基层组织战斗堡垒作用之所以能够得到充分发挥，关键在于抓好了党建工作。为了提升基层党组织的战斗力，该村积极探索创新实践"支部联党员、党员联群众、军民共建"的"双联共建"边境党建工作模式，在该模式的作用下，邦仲村的党组织能力得到大力提升，这种提升不仅体现在对形势的清醒认识上面，也体现在对村民的组织动员能力。正因为以基层党组织能力提升为基础，才能够乘势而为，在脱贫攻坚工作中取得显著成绩。其一，建立与项目的对接机制，及时了解建设项目的进展情况，强化项目建设的衔接与协调，促进村级集体经济的发展；其二，充分发挥村民的参与积极性。通过加强宣教工作，以及构建固定分配和二次分配相结合的创新模式，不仅处理了群众的意见及历史遗留问题，使得项目征迁工作顺利完成，而且促成村集体通过集体土地入股、参与建设、工程承包、提供配套服务和培训就业等途径实现村居建设和产业发展的高度融合，增加了村民的获得感。同时，在生态文明建设方面，调动了村民维护生态的积极性，使得邦仲村的生态文明建设实现了新进步，为该村走向社会主义生态文明新时代奠定了前期基础和准备条件。

当然，邦仲村脱贫攻坚任务的完成和小康村的建设不是完全靠一两个项目的实施就能完成的，而是大项目带动与自主建设相结合、是硬件建设与软件建设相结合、是综合考虑集体经济发展与解决贫困户相结合。同时，邦仲村还不断加强乡风文明建设以提高村民综合素质。通过探索党建新模式，认清形势、抓住机遇，调动村民的积极性和内生动力，使得政治建设、经济建设、文化建设、社会建设以及生态文明建设方面均取得明显成效，稳步迈进小康社会，已顺利完成"十三五"规划的目标，为迈向"十四五"规划以及2035年的远景目标做好了准备。放眼当下，邦仲村将抓住乡村建设的重要机遇，利用省道S306公路八一镇至山南段穿境而过、219国道和即将建成的川藏铁路拉林段穿越该村的有利条件，以实干推动发展，快速建设舒适、宜居、具有民俗特色的边境小康村，力争将邦仲村打造成为"药洲"米林的门户、林芝"航空商贸小镇"和"西藏江南第一村"。

（本案例执笔人：李胜蓝　曾铎　江立华）

案例点评

2020 年动态调整后邦仲村建档立卡户为 18 户 54 人（其中：一般脱贫户 17 户 53 人，特困供养户 1 户 1 人）。目前，邦仲村各项基础设施完善，家家用上了干净的自来水，户户有卫生厕所。村内道路铺上了柏油路，还新建了公园和桃花大道，成立了文艺演出队，再也看不到成天喝酒打架的现象，取而代之的是全村百余辆大货车和工程车忙碌的身影，以及村民在广场载歌载舞的欢乐场景。

邦仲村的成功得益于政策机遇，脱贫攻坚以来，该村加强基层组织建设，充分利用东西扶贫协作机制，加大项目资金整合力度，改善边境地区基础设施和民众生产生活条件。站在即将迈入"十四五"时期的新历史起点上，邦仲村继续坚持党建引领为核心的道路，牢牢把握确保边疆稳定、边境安全这条主线，围绕着强党建、转思想、兴产业、富村民、美村居这条主线，组织动员各方力量，力图走出一条党建引领发展的"双赢路"，以巩固拓展脱贫攻坚成果，推动脱贫攻坚成果与乡村振兴的有效衔接。

（点评人：江立华，华中师范大学社会学院教授）

后　记

2020 年，我国脱贫攻坚目标任务全面完成，中华民族将彻底摆脱绝对贫困，实现全面小康的千年梦想！回首来看，中国脱贫攻坚伟大实践收获的累累硕果以及奋进征程中凝结的鲜血和汗水，展现的智慧和勇毅，为人类减贫历史谱写出新的篇章，无疑值得我们深入总结和长久铭记。

为了客观记录脱贫攻坚历程、总结脱贫攻坚经验，2019 年 6 月底，国务院扶贫办（现"国家乡村振兴局"）全国扶贫宣传教育中心经招投标程序，遴选华中师范大学承担"西南区域县、村脱贫攻坚经验总结"项目，组织开展广西、重庆、四川、贵州、云南、西藏等 6 省（自治区、直辖市）中 9 个县、33 个村脱贫攻坚的经验总结。项目组组长为陆汉文教授、副组长为江立华教授、蔡志海副教授。本书为"西南区域县、村脱贫攻坚经验总结"项目系列成果之一，系西藏自治区 6 个脱贫村的经验总结成果的汇编。江立华具体负责，联合西南科技大学承担此项调研任务，完成了6 个典型村的深度调研，撰写了调研报告。课题组由两校长期从事社会学、产业经济、区域经济和乡村发展等领域教学研究工作以及多次参与精准扶贫评估调研的专家学者和博士、硕士研究生组成，分为 5 个调研小组。各报告的撰写人分别为：序言：江立华；米林县邦仲村报告：江立华、李胜蓝、曾铎；仲巴县聂康村和日土县甲岗村报告：李靖、蒋雨东、廖小舒；贡嘎县红星社区报告：汪涛、王德平、蒲洋华、魏晋；八宿县宗巴村报告：李富田、郑鹏昆、刘婷婷；索县若达村报告：马金山、陈礼开、吉则尔夫。

由于实地调查是在 2019 年年底完成的，为了真实反映调查结束后一年多来当地发生的变化。书稿出版前，调研组通过多种方式与当地进行沟通、了解，以案例点评的形式反映其新发展、新面貌。

定稿成书过程中，陆汉文组织召开了 2 次内部改稿会和 1 次外部审稿会，全国扶贫宣传教育中心组织开展了专家评审，江立华最终审稿定稿。

报告的撰写得到了国务院扶贫办全国扶贫宣传教育中心的精心指导和帮助。时任全国扶贫宣传教育中心主任、现任中国扶贫发展中心主任黄承伟研究员和全国扶贫宣传教育中心副主任骆艾荣、副处长阎艳为项目完成付出了大量心血。米林县、仲巴县、贡嘎县、八宿县、索县扶贫办为课题调查提供了便利，6 个村的村干部和帮扶干部协助调查人员开展入户调查、项目考察。中国文联出版社大力支持书稿出版，责任编辑张超琪、黄雪彬认真负责，帮助订正了书稿中存在的谬误。借本书出版之机，谨向这些机构和个人致以诚挚感谢！

因能力所限，书中可能仍然存在错讹之处，敬请读者方家批评指正。

"西南区域县、村脱贫攻坚经验总结"项目西藏自治区课题组